SEGURANÇA PÚBLICA
Um projeto para o Brasil

CONTRACORRENTE

DANIEL B. VARGAS

SEGURANÇA PÚBLICA
Um projeto para o Brasil

São Paulo

2020

CONTRACORRENTE

Copyright © EDITORA CONTRACORRENTE

Editora Contracorrente
Editores
Camila Almeida Janela Valim
Gustavo Marinho de Carvalho
Rafael Valim

Equipe editorial
Juliana Daglio (revisão)
Maikon Nery (capa)
Denise Dearo (design gráfico)

FGV Direito Rio
Rodrigo Vianna
Sérgio França

Dados Internacionais de Catalogação na Publicação (CIP)
(Ficha Catalográfica elaborada pela Editora Contracorrente)

V297	VARGAS, Daniel B. Segurança Pública: um projeto para o Brasil | Daniel B. Vargas - São Paulo: Editora Contracorrente / FGV Direito Rio, 2020. ISBN: 978-65-990344-1-1 Inclui bibliografia 1. . Segurança Pública 2. Políticas Públicas. 3. Paradigmas de segurança. I. Título. CDD: 350 CDU: 351

Editora Contracorrente
Rua Dr. Cândido Espinheira, 560 | 3º andar
São Paulo - SP - Brasil | CEP 05004 000
www.editoracontracorrente.com.br
contato@editoracontracorrente.com.br

FGV Direito Rio
Praia do Botafogo, 190, 13º andar
Rio de Janeiro - RJ | CEP 22250-900
www.diretorio,fgv.br

Impresso no Brasil
Printed in Brazil

SUMÁRIO

INTRODUÇÃO 7

PARTE I
PROBLEMA & ANÁLISE

CAPÍTULO I – ISOLACIONISMO INSTITUCIONAL 13

CAPÍTULO II – BREVE RETRATO DO CAOS 19

CAPÍTULO III – PARADIGMAS ENVELHECIDOS 25

    3.1 Punitivismo 25

    3.2 Vitimismo 27

    3.3 Limites 30

CAPÍTULO IV – PARADIGMAS EMERGENTES 33

    4.1 Gerencialismo 33

    4.2 Comunitarismo 38

    4.3 Limites 42

CAPÍTULO V – PARADIGMA COOPERATIVO 45

    5.1 Visão geral 45

    5.2 Atributos 48

PARTE II
EIXOS

CAPÍTULO I – EIXO 1: COOPERAÇÃO VERTICAL 57

    1.1 Metas 59

    1.2 Avaliação 60

    1.3 Conhecimento 63

    1.4 Financiamento 65

    1.5 O sistema em funcionamento 66

CAPÍTULO II – EIXO 2: COOPERAÇÃO HORIZONTAL 69

    2.1 Polícia-Polícia 69

    2.2 Ministério Público-Polícias 73

    2.3 Ministério Público-Justiça 81

    2.4 Justiça-Sistema Prisional 88

    2.5 Penitenciária-Comunidade 90

CAPÍTULO III – EIXO 3: COOPERAÇÃO TRANSVERSAL... 93

    3.1 Segurança e soberania 95

    3.2 Segurança e assistência 103

    3.3 Segurança e racismo 106

CONCLUSÃO 113

LISTA DE PROPOSTAS INSTITUCIONAIS 117

REFERÊNCIAS BIBLIOGRÁFICAS 121

INTRODUÇÃO

Quando observamos os dados sobre qualidade da área social no Brasil desde a Constituição de 1988, percebemos que, aos trancos e barrancos, todas as áreas evoluíram – educação, saúde e assistência. Menos uma: a segurança pública. Em matéria de violência, o país regrediu meio século, pelo menos. Taxa de homicídios no país é similar à da Síria em guerra. A população carcerária dobrou e a sofisticação das quadrilhas triplicou. O desespero da população na periferia urbana ameaça extravasar. Na UTI, a democracia brasileira luta para não sucumbir.

O que está por trás desse problema é o isolacionismo institucional. Em cada um dos estados brasileiros Polícia Militar não fala com Polícia Civil, salvo raras exceções. Nenhum dos dois fala com Ministério Público, além do mínimo necessário. O Ministério Público também não conversa com magistrado, salvo por baixo dos panos. Este que evita a qualquer custo o contato com o sistema prisional, e que, por sua vez, desconhece completamente a comunidade para a qual deve entregar o preso. Multiplique esse silêncio institucional por 27 estados da federação e se tem a dimensão da crise.

O verdadeiro lema da segurança pública no Brasil é "um por todos e todos por um". O efeito desse processo conhecemos bem. Prende-se muito e mal. Mata-se demais no Brasil, especialmente pretos, pobres e analfabetos. Não se investiga nem se desvenda quase nada. Nas cidades o medo toma conta da população, prejudicando o comércio e o investimento, provocando ansiedade e distúrbios entre os que convivem com a rotina da violência. Tudo isso se reflete de forma nociva na educação, na saúde pública, no lazer, na convivência humana em geral. Com ônus imensamente maior para quem vive em bairros e periferias mais pobres.

Os efeitos danosos da desordem na segurança pública estão na ordem do dia, nem sempre da maneira mais promissora. O drama da insegurança contribuiu para radicalizar a população contra o estado, os políticos e os defensores de direitos humanos. "Bandido bom é bandido morto" – bradam os candidatos à salvação da lavoura. Ao mesmo tempo, a indignação toma conta dos que pensam de outro modo. Em um país tão desigual em que a violência maltrata descaradamente grupos marginalizados, uma declaração de guerra "aos criminosos" é logo traduzida como uma proposta de chacina. O país se parte entre rancores e ignorância.

Enfrentar o drama da violência no país exige uma mudança profunda, ao mesmo tempo intelectual e prática. O Brasil precisa de um novo ideário para a segurança pública, com nova visão sobre o problema e sobre o caminho para sua solução. O avanço desse ideário depende de superarmos o conjunto de visões influentes sobre a segurança pública, que ainda prejudicam a construção de novo regime. Também exige um conjunto de diretrizes e iniciativas que pavimentem o caminho do futuro a partir de novas experiências promissoras.

O propósito central desse ensaio é sugerir as primeiras bases de um novo paradigma para a segurança pública. O atributo central desse projeto é o aprimoramento institucional contínuo e permanente. A efetivação desse atributo depende de três diretrizes: a colaboração federativa, a inovação institucional e a parceria entre estado, mercado e sociedade civil. Nesse novo horizonte a segurança deixa de ser vista como adversária da liberdade ou como salvação simplista do país. Se organizada de forma inteligente é, contudo, ferramenta central para a democracia e o progresso nacional.

INTRODUÇÃO

O ensaio se estrutura em duas grandes partes.

Na primeira, apresento o problema do isolacionismo institucional e traço breve diagnóstico do cenário de violência no país.

Examino inicialmente as tentativas erradas de avançar no setor a partir de dois paradigmas envelhecidos: o punitivismo e o vitimismo. Para o punitivismo, mais prisão, mais direito penal é a solução. Para o vitimismo, menos prisão, menos direito penal é o rumo da paz. Avalio também dois paradigmas emergentes, porém limitados. Para o gerencialismo as palavras de ordem são meta e pressão; os problemas da segurança são sobretudo técnicos. O comunitarismo, por sua vez, uma espécie de *rousseauniano* juvenil, limita-se a pregar a fé na capacidade da comunidade de se autogerir, sem sugerir qualquer rota crível para tal fim.

A reconstrução da segurança pública exige um novo paradigma de pensamento e ação: o paradigma cooperativo. A novidade está em apostar na capacidade coletiva do país de inovar, compartilhar experiências e ajudar-se reciprocamente. Converter o país todo em uma verdadeira fábrica de experimentação institucional que nos permita simultaneamente expandir o horizonte do possível, aprender com as experiências uns dos outros e evoluir continuamente. No método a proposta pode parecer modesta, mas está longe de ser conservadora. Aposta em um gradualismo acelerado como caminho para que o acúmulo de inovações gere resultados transformadores.

Na segunda parte traduzo as bases deste novo paradigma colaborativo na organização da segurança pública.

Três eixos complementares serão abordados.

No eixo vertical a colaboração federativa entre União, Estados e Municípios, hoje totalmente quebrada. Falta uma linguagem básica, organizada em torno de dados, metas e avaliação, que ordene a interação entre as diversas instituições que atuam na segurança pública nos três níveis da federação. No eixo horizontal é também decisivo construir e qualificar mecanismos de interação entre municípios e entre estados, de um lado, e entre polícia, Ministério Público, Judiciário e sistema penitenciário, de outro. Ao final, no eixo transversal, o foco da colaboração é a integração entre segurança e setores que definem a "antecâmara da criminalidade", em especial defesa, assistência, educação e cultura.

A mensagem subjacente ao ensaio é a de que o principal adversário da democracia brasileira atualmente não é a direita ou a esquerda, mas a criminalidade. Como nunca tivemos um "projeto de Estado" na segurança pública desde a redemocratização, e como a organização brasileira é hoje um "salve-se quem puder", o que resta ao país é a luta corporativa ou, pior, o populismo punitivista dos oportunistas que exploram a dor e sofrimento alheio sem a menor noção do que fazer na cadeira do poder. No meio deste caos, a credibilidade do Estado de Direito será inevitavelmente precária.

Parte I
Problema & Análise

Capítulo I
ISOLACIONISMO INSTITUCIONAL

Os traumas do regime militar e o receio de que a concentração de poder policial nas mãos da União pudesse reabrir, no futuro, a janela para a violência convenceu o constituinte a descentralizar radicalmente o sistema de segurança pública no país. A ideia era nobre: cada estado deveria cuidar da sua polícia e do seu regime de segurança. À União, ao contrário do que ocorrera nas áreas da saúde, assistência e educação, não competiria exercer papel "coordenador".[1]

A direção escolhida pelo projeto constituinte de 1987 era bastante distinta do que o país fizera nas constituições anteriores. A Constituição de 1937, por exemplo, foi a primeira a dedicar capítulo específico à segurança nacional.[2] Na Constituição de 1946, a segurança era matéria

---

[1] Em 1988, criamos as bases para o federalismo cooperativo da saúde, com a força e capilaridade do movimento sanitarista no país. Nos anos 1990, demos os primeiros passos para estruturar o federalismo da educação, criando sistema de dados nacionais, metas pactuadas, avaliações periódicas, financiamento redistributivo com base em critérios objetivos, sistema de apoio a redes frágeis. Na última década, foi a vez de avançarmos no SUAS: criando e fortalecendo ampla rede de assistência social, com coordenação centralizada, capilaridade municipal, sistema nacional de obtenção de dados e de avaliação contínua. Em segurança, contudo, ainda vivemos na era "pré-cooperativa".

[2] BRASIL. "Constituição (1937)". *Constituição dos Estados Unidos do Brasil*. Rio de Janeiro, 1937. Disponível em: http://www.planalto.gov.br/ccivil_03/constituicao/constituicao37.htm. Acesso em 08.02.2019.

de competência estadual, cabendo à União a defesa externa e a organização das forças armadas.[3] A Constituição de 1967, por sua vez, manteve capítulo sobre segurança, com estrutura leve,[4] que permitia ao Executivo federal ampla flexibilidade de ação. O que se seguiu foi a militarização da segurança pública e o autoritarismo.

A Constituição de 1988 previu no artigo 144 os órgãos integrantes da segurança pública nacional. Com isso tolhe boa parte da autonomia e liderança do governo federal e elimina a margem para estruturações alternativas da segurança em cada estado. Ao mesmo tempo, a Constituição também delimitou os papéis complementares das políticas civil e militar,[5] restringindo a possibilidade de que a política legislativa, em momento seguinte, interferisse na autonomia de cada órgão. Por fim, os municípios foram deixados parcialmente de fora do sistema de segurança (embora, na prática, tenham gradualmente se imiscuído no campo).

Em síntese, com o intuito de preservar a democracia contra novos desmandos do autoritarismo, o Brasil optou por implementar em 1988 um regime de segurança descentralizado, compartimentado e rígido. O que antes era concentrado nas mãos do Presidente agora passa às mãos de cada um dos Governadores. Ao mesmo tempo, em cada estado, o detalhamento constitucional dos órgãos da segurança pública

---

[3] BRASIL."Constituição (1946)". *Constituição dos Estados Unidos do Brasil*. Rio de Janeiro, 1946. Disponível em: http://www2.camara.leg.br/legin/fed/consti/1940-1949/constituicao-1946-18-julho-1946-365199-publicacaooriginal-1-pl.html Acesso em 08.02.2019.

[4] BRASIL."Constituição (1967)". *Constituição da República Federativa do Brasil*. Brasília, *1967*. Disponível em: http://www2.camara.leg.br/legin/fed/consti/1960-1969/constituicao-1967-24-janeiro-1967-365194-publicacaooriginal-1-pl.html. Acesso em 08.02.2019.

[5] A definição se encontra nos parágrafos 4º e 5º do art. 144 da Constituição: §4º Às polícias civis, dirigidas por delegados de polícia de carreira, incumbem, ressalvada a competência da União, as funções de polícia judiciária e a apuração de infrações penais, exceto as militares; § 5º Às polícias militares cabem a polícia ostensiva e a preservação da ordem pública; aos corpos de bombeiros militares, além das atribuições definidas em lei, incumbe a execução de atividades de defesa civil.

PARTE I - CAPÍTULO I - ISOLACIONISMO INSTITUCIONAL

imuniza as corporações contra eventuais interferências políticas no seu *modus operandi*.

A descentralização e compartimentalização da segurança pública foi acompanhada, na Constituição de 1988, da distribuição também rígida de competências entre membros do Judiciário, este também subdividido em partes relativamente autônomas.[6] E o Ministério Público ingressa na nova ordem constitucional como um poder quase-autônomo da República – ao lado do Executivo, Legislativo e Judiciário –, responsável, entre outras atribuições centrais, pelo gerenciamento da ação penal e pela proteção dos indivíduos e grupos vulneráveis.

O lema da solução democratizante da segurança pública no Brasil foi "dividir para proteger". Com a força distribuída entre inúmeras caixinhas, cada uma delas cuidadosamente delimitada e conectada, segundo critérios rígidos e, em grande parte, protegidos constitucionalmente, o Brasil cria uma enorme e complexa estrutura federada de segurança pública. Como se algemaram as mãos do poder central, cumpriu-se, à primeira vista, o propósito de neutralizar as violações contra direitos humanos politicamente motivadas nos porões das delegacias e do Exército.

Mas, ao mesmo tempo, toda a estrutura de segurança no Brasil é transformada em oligopólio de instituições ensimesmadas.

O problema começa nas polícias.

A premissa da divisão de competências entre polícias estaduais e federais é a complementaridade: cada uma realiza uma etapa na política de segurança pública. Mas, na prática, Polícia Militar ("PM") e Polícia Civil ("PC") não trocam informações nem colaboram. Tampouco cooperam com as Polícias Federal e Rodoviária Federal. Um exemplo ilustrativo da "competição" policial é o que ocorreu na prisão do traficante "Nem da Rocinha", em 2011:

---

[6] BRASIL. "Constituição (1988)". *Constituição da República Federativa do Brasil*. Brasília, *1988*. Disponível em: http://www.planalto.gov.br/ccivil_03/Constituicao/Constituicao.htm. Acesso em 08.02.2019.

Os três advogados e a Polícia Civil insistiam que o Corolla fosse removido para o 15º DP, que ficava a cinco minutos dali. A PM e a PF estavam inflexíveis, dizendo que, como o cônsul havia invocado imunidade diplomática, o caso agora recaia em jurisdição federal.

Conforme aumentavam a gritaria e as recriminações, policiais civis e militares, segundo afirma uma testemunha ocular, apontaram suas armas uns contra os outros. Seja como for, no meio daquela confusão, o tenente, agachado, foi até a traseira do Corolla e enfiou um canivete num dos pneus, para impedir que o carro fosse removido para o 15º DP.

Foi quando a Core, armada até os dentes, apareceu e simplesmente estacionou o blindado na frente das viaturas da PM, para garantir que seus policiais não fossem a lugar nenhum. A essa altura, o terçar robótico das armas se fazia ainda mais eminente quando o helicóptero da Polícia Civil entrou em cena, filmando tudo.[7]

O isolacionismo também caracteriza o Ministério Público.

A relação com a polícia é ora pautada pela desconfiança, ora pela competição. Com a expansão do poder investigatório do MP recentemente,[8] que agora deixa de depender da polícia para a instrução do processo, a tensão aumentou. E se aprofundou ainda mais com o regime de delação premiada: quem tem competência para negociá-las? Na Operação Lava Jato, o MP considerou que as informações prestadas pelo ex-Ministro Antonio Palocci não eram suficientes para justificar um "acordo" de redução de pena, mas a proposta de acordo foi submetida diretamente pela polícia à apreciação do magistrado e homologada.

De outro lado, a relação do MP com o Judiciário, em casos graves, ameaça comprometer a independência. No imaginário do país e na autoimagem do MP, formou-se a imagem do "mocinho" que luta contra

---

[7] GLENNY, Misha. *O dono do morro*: um homem e a batalha pelo Rio. São Paulo: Companhia das Letras, 2016.

[8] BRASIL. *Recurso Extraordinário* 593.727. Relator Ministro Gilmar Mendes. Supremo Tribunal Federal. DJ 9 out. 2008. Disponível em: http://portal.stf.jus.br/processos/detalhe.asp?incidente=2641697. Acesso em 08.02.2019.

PARTE I - CAPÍTULO I - ISOLACIONISMO INSTITUCIONAL

o "bandido". À primeira vista, a boa imagem contribui com o prestígio da instituição. Mas, se o "bom procurador" é aquele que corre contra o ladrão, todos os que criarem qualquer empecilho ao desfecho do romance são moralmente criticáveis. A pressão da opinião pública – e dos próprios procuradores – arrisca contaminar o espaço de deliberação e decisão dos magistrados.

Por fim, o isolacionismo é também marcante na ação da Justiça, que modificou seu papel e imagem ao longo dos últimos anos. Deixou de ser o poder silencioso para se converter no poder mais histriônico e, com frequência, o mais corporativo. Não é claro onde termina o direito e onde começa a política, nem onde se encerra o papel da Justiça e onde começa o espaço dos demais poderes para acertar ou errar por último. Em casos emblemáticos, cada decisão da Justiça é um show solo, com repercussões inevitáveis para outras partes do Estado.

O efeito cumulativo do ciclo de isolamentos, sem rumo certo ou parâmetro adequado de organização entre as partes, é a desordem institucional e o caos da violência.[9] Cada grupo de interesses organizados – nas polícias, no MP, na Justiça, nos presídios – entra no jogo político dos benefícios de grupo. Sorrateiramente, essas organizações passam a operar para preservar e ampliar interesses, e não para prestar com qualidade o serviço de segurança e justiça nacional. Ao mesmo tempo, o jogo de interesses corporativos entre os órgãos responsáveis pela segurança e justiça no país contribui para afundar a sociedade no caos da violência.

É cada vez mais profundo o ensimesmamento institucional na segurança pública. O senso de superioridade (e de autoproteção) que suas instituições cultivam acabam por paralisar a sua capacidade de evoluir. Hoje, é muito mais fácil convencer o país dos desvios crônicos da polícia, do MP ou da Justiça, do que convencer a um pequeno grupo de uma dessas instituições de que ela errou, erra e precisa rever sua organização e funcionamento. A culpa é sempre do outro.

---

[9] Cf. INSTITUTO SOU DA PAZ. "Preservação de milhares de vidas não pode ficar à mercê da instabilidade política do país". Disponível em: http://www.soudapaz.org/o-que-fazemos/noticia/preservacao-de-milhares-de-vidas-nao-pode-ficar-a-merce-da-instabilidade-politica-do-pais-afirmam-organizacoes/36. Acesso em 08.02.2019.

Capítulo II
BREVE RETRATO DO CAOS

Um dos efeitos do isolacionismo institucional é o caos da violência. A escala da criminalidade no Brasil é recorde. Em 2016, o país registrou 62.517 homicídios,[10] enquanto a Síria, arrasada pelo conflito, computou 43.077 homicídios no mesmo período. Embora as dimensões populacionais sejam diferentes (18 milhões de pessoas na Síria; 207 milhões no Brasil), o número não deixa de chocar: são 20.000 pessoas a mais que perdem suas vidas no Brasil, em apenas 1 ano, do que na Síria.

---

[10] Cf. FÓRUM BRASILEIRO DE SEGURANÇA PÚBLICA E INSTITUTO DE PESQUISA APLICADA. Atlas da Violência 2018. Disponível em: http://www.forumseguranca.org.br/wp-content/uploads/2018/06/FBSP_Atlas_da_Violencia_2018_Relatorio.pdf. Acesso em 16.06.2018.

Gráfico 1 – Número de Homicídios Brasil e Síria (2012-2016)

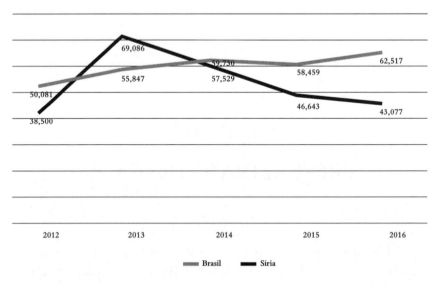

Fonte: Anuário Brasileiro de Segurança Pública, Departamento de Pesquisa sobre Conflito e Paz da Universidade de Uppsala.

O que torna a violência ainda mais dolorosa no país é sua distribuição desigual.

Por um lado, a violência tem preferência regional: prefere o Norte e Nordeste às demais regiões do Brasil. Em 2016, os dez estados brasileiros com a maior taxa de homicídios por 100.000 habitantes foram Sergipe, Alagoas, Rio Grande do Norte, Pará, Amapá, Pernambuco, Bahia, Goiás, Acre, Ceará e Roraima. Ao mesmo tempo, a região Sudeste experimentou uma pequena queda em suas taxas, liderada por reduções do número de homicídios no estado de São Paulo.[11]

---

[11] Cf. Cf. FÓRUM BRASILEIRO DE SEGURANÇA PÚBLICA E INSTITUTO DE PESQUISA APLICADA. Atlas da Violência 2018. Disponível em: http://www.ipea.gov.br/portal/images/stories/PDFs/relatorio_institucional/180604_atlas_da_violencia_2018.pdf. Acesso em 08.02.2019.

PARTE I - CAPÍTULO II - BREVE RETRATO DO CAOS

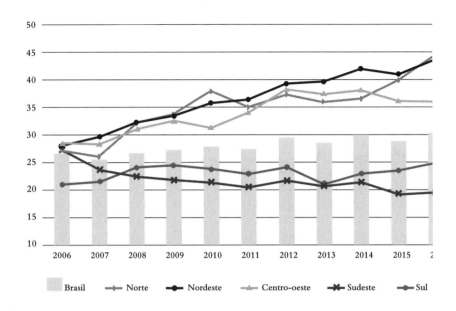

Fonte: Atlas da Violência 2018.

Esse cenário se agravou ao longo dos últimos 30 anos. Todas as regiões do Brasil, com exceção do Sudeste, experimentaram aumento no número de homicídios, como o gráfico abaixo indica. No Norte e Nordeste, uma vez mais, a escalada de violência foi tão expressiva que compensou em muito a redução no Sudeste. O saldo nacional é altamente negativo.

Gráfico 2 – Taxa de Homicídios por 100.000/habitantes (1988-2016)

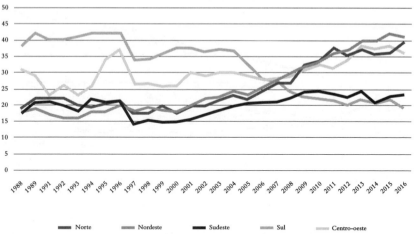

Fonte: Mapa das Armas (1988-1995) e Atlas da Violência (1996-2016).

Por outro lado – e este é seu aspecto mais abjeto – a violência brasileira tem uma preferência de cor. Em 2016, a taxa de homicídio de negros em 2016 foi de 40,2 mortos por 100 mil habitantes (contra 16 por 100 mil, nos demais grupos sociais).[12] Negros sofrem o dobro de chance de serem assassinados[13] e compõem mais da metade da população carcerária do país (64%).[14] Há um racismo institucionalizado no país.

---

[12] Cf. FÓRUM BRASILEIRO DE SEGURANÇA PÚBLICA E INSTITUTO DE PESQUISA APLICADA. Atlas da Violência 2018. Disponível em: http://www.forumseguranca.org.br/wp-content/uploads/2018/06/FBSP_Atlas_da_Violencia_2018_Relatorio.pdf. Acesso em 16.06.2018.

[13] Em alguns casos, o número é mais expressivo, como indicado no Índice de Vulnerabilidade Juvenil, 2017. Cf. https://unesdoc.unesco.org/ark:/48223/pf0000260661. Acesso em 08.02.2019.

[14] Cf. MINISTÉRIO DA JUSTIÇA. Censo das Unidades Prisionais, 2016. Disponível em: http://dados.mj.gov.br/dataset/infopen-levantamento-nacional-de-informacoes-penitenciarias/resource/5652dceb-d81a-402f-a5c8-e4d9175241f5. Acesso em 08.02.2019.

PARTE I - CAPÍTULO II - BREVE RETRATO DO CAOS

O Brasil já possui a terceira maior população carcerária do mundo, com 726 mil pessoas nas prisões. Só perdemos para os Estados Unidos (com 2.145.100 presos), e a China (com 1.649.804 presos).[15] Ultrapassamos há pouco tempo a Rússia (hoje com 646.08 presos). Em uma corrida frenética, praticamente dobramos nossa população carcerária em 10 anos.[16] Quase todos os presos, negros e pobres, estocados em prisões superlotadas.[17]

---

[15] Cf. MINISTÉRIO DA JUSTIÇA. "Há 726.712 pessoas presas no Brasil". Disponível em: http://www.justica.gov.br/news/ha-726-712-pessoas-presas-no-brasil. Acesso em 08.02.2019.

[16] Cf. CONSELHO NACIONAL DE JUSTIÇA. "Quais são os números da justiça criminal no Brasil?" Disponível em: http://www.cnj.jus.br/files/conteudo/arquivo/2016/02/b948337bc7690673a39cb5cdb10994f8.pdf. Acesso em 08.02.2019. A nova legislação surgiu para descriminalizar o consumo, mas, ao não trazer parâmetros para diferenciar o que seria consumo e o que seria tráfico, aumentou as prisões (Cf. Instituto Igarapé. "10 anos da lei de drogas: quantos são os presos por tráfico no Brasil?". Disponível em: https://igarape.org.br/10-anos-da-lei-de-drogas-quantos-sao-os-presos-por-trafico-no-brasil. Acesso em 08.02.2019). BRASIL. Lei n. 11.343 de 23 ago. 2006. Institui o Sistema Nacional de Políticas Públicas sobre Drogas – Sisnad. Disponível em: http://www.planalto.gov.br/ccivil_03/_ato2004-2006/2006/lei/l11343.htm. Acesso em 08.02.2019.

[17] A superlotação das prisões se tornou fenômeno normal no país. Quase todos os estados brasileiros possuem o dobro de presos por vagas disponíveis. No caso do Amazonas o número chega a quase 5 por vaga. A confusão aumenta com a notícia de que cerca de 40% dos presos estão em situação provisória, ou seja, presos sem condenação judicial definitiva. Em que pese condenações frequentes de organismos internacionais, nada parece, de fato mudar. O Brasil foi condenado pela Corte Interamericana de Direitos Humanos no caso "Favela Nova Brasília vs. Brasil". Para mais informações, cf. http://www.corteidh.or.cr/docs/casos/articulos/seriec_333_por.pdf. Em relatório, ONU também critica a violência em presídios no Brasil. Cf. http://acnudh.org/pt-br/brasil-onu-direitos-humanos-cobra-medidas-contra-violencia-em-presidios-apos-rebeliao-em-manaus/. Em relatório sobre tortura e penas cureis, ONU condena violência contra jornalistas no Brasil. Disponível em: https://nacoesunidas.org/escritorio-de-direitos-humanos-da-onu-condena-violencia-contra-jornalistas-no-brasil/. Acesso em 08.02.2019.

Gráfico 3 – Evolução da População Carcerária no Brasil

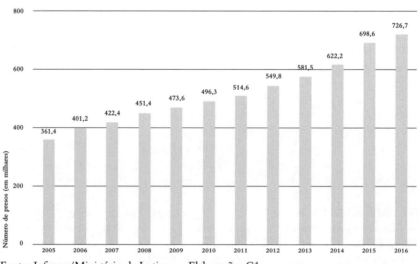

Fonte: Infopen/Ministério da Justiça   Elaboração: G1

Os efeitos da desorganização na segurança pública e de seu viés de raça sobre a coletividade são profundos. A população brasileira se sente cada vez mais ameaçada, sobretudo em grandes centros urbanos. A "lista do medo", por ordem crescente, é ser vítima de sequestro-relâmpago, estupro, roubo a residência, e roubo seguido de morte.[18] Silenciosamente, os jovens negros começam a mudar seu comportamento – olhar por onde andam, com quem falam, como se comportam, como se o país não lhes pertencesse.

Nas periferias o espaço vazio que deveria ser habitado pelo Estado de Direito não fica guardado à sua espera. A sociedade vai se abrindo a formas alternativas de organização, com papel cada vez mais importante exercido pelas igrejas e pelo tráfico. A voz da Justiça, que não vem da democracia e dos valores do direito, ali provém da fé e das armas.

---

[18] Cf. AGÊNCIA BRASIL. "Pesquisa mostra aumento da percepção de violência urbana". *Da Agência Brasil*, Brasília, 19 fev. 2014. Disponível em: http://agenciabrasil.ebc.com.br/geral/noticia/2014-02/pesquisa-cnt. Acesso em 08.02.2019.

Capítulo III
PARADIGMAS ENVELHECIDOS

Ao longo dos últimos 30 anos, duas trajetórias erradas orientaram a atuação do país na segurança pública: o punitivismo (ou popularismo penal) e o vitimismo.

Nenhuma delas é capaz de reconhecer ou enfrentar o problema do isolacionismo. Juntas, acabam por desviar a atenção do trabalho decisivo de promover a colaboração institucional no país.

3.1 Punitivismo

O punitivismo (ou populismo penal) associa a criminalidade à brandura do sistema policial e penal. O lema deste paradigma é a "tolerância zero". Em uma sociedade bem organizada, nenhum crime, seja qual for, pode ser tolerado. A prisão se torna a medida *par excellence* para combater qualquer desvio de conduta socialmente indesejado. Contra o crime e a violência, a gramática social deve ser reprogramada, pensam os punitivistas, com a força do porrete: penas mais duras, mais poderes para a polícia, mais cadeia.

A simplicidade e força desta corrente de pensamento costumam ser recebidas com satisfação pela sociedade. Ganham prestígio no debate público, em especial entre lideranças que apelam para recrudescimento da força estatal – tal como a "bancada da bala". O sucesso eleitoral das propostas punitivistas ajuda a produzir um capital político necessário para que novas ações de combate à criminalidade sejam apresentadas na sequência.

Um ciclo vicioso de populismo e endurecimento penal tende a se formar no país. A sucessão de iniciativas parlamentares direciona o sistema penal brasileiro para medidas mais rigorosas. Projetos[19] propõem desde a redução do controle de armas ("afrouxamento do Estatuto do Desarmamento") até o aumento de penas relacionadas a crimes de drogas. Essas medidas contribuem para aumentar o encarceramento.

Essa realidade foi alimentada, até recentemente, por contribuições da indústria armamentista[20] a políticos que integram a "bancada da bala" no Congresso ou que apoiam causas relacionadas ao porte de armas. Em 2010, por exemplo, 32 senadores e deputados federais eleitos receberam soma de cerca de R$ 1,5 milhões dessas companhias, alimentando iniciativas como a redução do controle de armas e a revogação do estatuto do desarmamento.

O punitivismo é imensamente disseminado pelo país. 57% da população brasileira acredita que o país deveria adotar a pena de morte – aumento de 10% do número de pessoas que apoiam o enrijecimento da punição em uma década. Por sua vez, 72% dos magistrados são favoráveis à pena máxima mais elevada para tráfico de drogas, e 69% à elevação do limite máximo do cumprimento de pena privativa de liberdade.[21]

---

[19] Cf. ALESSI, GIL. "Bancada da bala pega carona na intervenção federal no Rio para facilitar acesso a armas". *El país*, Brasil, 26 fev. 2018. Disponível em: https://brasil.elpais.com/brasil/2018/02/22/politica/1519317972_483707.html. Acesso em 08.02.2019.

[20] Após decisão do STF na ADI 4650, a Lei n. 13.165/2015 firmou a ilegalidade do financiamento de campanha por pessoas jurídicas.

[21] Cf. ASSOCIAÇÃO DOS MAGISTRADOS BRASILEIROS. "Pesquisa AMB 2015". Disponível em: http://www.amb.com.br/wp-content/uploads/2015/12/Revista_Resultado_Pesquisa_AMB_2015_para_site.pdf. Acesso em 11.02.2019.

PARTE I - CAPÍTULO III - PARADIGMAS ENVELHECIDOS

Desde 2014, o punitivismo tem ganhado fôlego renovado. O país acaba de eleger um dos congressos mais conservadores de sua história. A bancada da bala cresceu significativamente. Medidas como a redução da maioridade penal e a revogação do estatuto do desarmamento estão na agenda do dia. Iniciativas de combate, típicas de países em guerra, passam a ser a referência para lidar com o crime comum.

À frente do punitivismo está justamente o Presidente da República e seus familiares. Do gesto às palavras de ordem, da história pessoal aos projetos, a linha de frente da política nacional encarna e alimenta o punitivismo.

O comando executivo das medidas punitivas está nas mãos do Ministro da Justiça Sergio Moro. O caminho prioritário para combate à criminalidade, na visão do ex-magistrado, é "endurecer" as penas e fortalecer poderes das polícias e do MP, basicamente. Ao mesmo tempo, também promove redução de direitos e garantias dos acusados e presos, supostamente para não obstaculizar a Justiça.

Em um contexto de desorganização institucional massiva, a nova onda punitivista pode morrer na praia. Na segurança pública uma série de organizações, ligadas a distintos entes federados, compartilham atribuições para o combate ao crime. Se o elo de transmissão entre as partes é rompido, a máquina engasga ou para de funcionar completamente.

3.2 Vitimismo

O segundo paradigma que se forma no Brasil nas últimas décadas para lidar com o problema da insegurança é o oposto do punitivismo.

Este paradigma distorce a valiosa tradição dos direitos humanos, organizada em torno do valor da autonomia e da liberdade individual, convertendo o criminoso em vítima de conjunto de forças estruturas e irresistíveis. Denomino esta tradição de vitimismo.

O vitimismo tem uma série de facetas complementares.

Na primeira, a prisão é uma arma das elites contra as classes oprimidas.[22] Segundo esta visão o regime de segurança pública instalado no Brasil é enviesado. Em vez de resolver, aprofunda as injustiças contra grupos sociais desfavorecidos que merecem nosso apoio e consideração. Esse foi o raciocínio que fundamentou, por exemplo, o discurso da ex-Ministra de Direitos Humanos Maria do Rosário:

> "o bandido ferido é uma vítima da sociedade, uma vítima do capitalismo selvagem, a mesma sociedade que lhe dá a arma (sic) e o leva ao crime, mas não pode ser considerado um bandido porque essa mesma sociedade o mantém marginalizado".[23]

Em nome da crítica ao "sistema" e da proteção "ao bandido ferido", o vitimismo se desdobra em várias linhas de reflexão. Uma delas é o etiquetamento:[24] segundo essa visão, para solucionar o problema da violência, o grupo dominante da sociedade que controla o estado "etiqueta" o comportamento do criminoso como punível. Uma segunda variante aposta no abolicionismo penal, que desacredita qualquer forma de encarceramento no combate ao crime. Uma terceira, em que as demais se inspiram, retoma a visão que prevaleceu durante o regime militar de "ilegitimidade do Estado": a polícia seria a guardiã do autoritarismo em pleno regime democrático.[25]

O traço mais marcante do vitimismo – e possivelmente mais equivocado –, contudo, é a manipulação distorcida do ideário de direitos

---

[22] Bases prioritárias dessa visão estão em interpretrações precárias do pensamento de Foucault e Marx, altamente influentes no pensamento sociológico e crítico brasileiro, na travessia do autoritarismo para a democracia. Sobre o tema, cf. ZALUAR, Alba. "Um debate disperso: violência e crime no Brasil da redemocratização". São Paulo: Perspec. vol. 13, n. 3, Jul/Set. 1999.

[23] Cf. ALLENDE, Fernando. "Ministra lamenta violência contra bandido". *G1*, 16 out, 2013. Disponível em: http://g1.globo.com/sp/santos-regiao/blog-do-allende/platb/2013/10/16/ministra-lamenta-violencia-contra-bandido/. Acesso em 11.02.2019.

[24] Para mais informações, cf. BARATTA, Alessandro. *Criminologia Crítica e Crítica do Direito Penal*. Rio de Janeiro: Ed. Revan, 2002.

[25] ZALUAR, Alba. "Um debate disperso: violência e crime no Brasil da redemocratização". *São Paulo em Perspectiva*. vol. 13, n. 3, pp. 3-17, 1999.

PARTE I - CAPÍTULO III - PARADIGMAS ENVELHECIDOS

humanos. Tradicionalmente construído sobre o primado da autonomia, os direitos humanos, nas mãos do vitimista, se convertem em bandeira de crítica antissistêmica. A autonomia individual que fundamenta a liberdade de escolha e a responsabilização pelos atos na sociedade, desaparece. A polícia e a lei são vistos apenas como problema. Em nome de defender os vulneráveis, intelectuais e organizações abraçam inadvertidamente o antipunitivismo.

Mas como, afinal, deveria ser feito o combate à criminalidade? Para os vitimistas o caminho oscila entre grandes transformações, como a superação do capitalismo, até discursos abstratos, como a inclusão social dos mais pobres e a educação, sem qualquer visão institucional detalhada. Nesse processo, a mudança de consciência das polícias também seria decisiva para que se libertem do "viés burguês" e encarnem um novo ideário comunal.

O efeito popular do vitimismo tem sido danoso ao país. Na ausência de proposta de solução forte contra crimes que se arrasta pelo território, ou sequer de um detalhamento que exprima com clareza o problema e encaminhamento da solução, a população se cansa do discurso difuso e logo se revolta. No imaginário coletivo, os direitos humanos sofrem uma mutação e, em um passe de mágica, passam a ser vistos como armas contra a polícia e a favor de bandidos. Valores nobres, como a dignidade e o respeito à vida e à liberdade, tão caros ao Estado de Direito, se convertem em uma espécie de fachada, contra o interesse público e a serviço dos marginais.

Com a ascensão recente da onda punitivista no Brasil, que rendeu a eleição do Presidente Bolsonaro, assistimos a uma reação defensiva de alta magnitude. Em parte, o processo é compreensível: diante da virulência da opressão, grupos sociais recorrem ao grito e ao protesto. Ninguém é obrigado a sofrer calado. As eleições de 2018 foram um grito de revolta – a opção pelo "anti", contra a exaustão do vazio e ineficaz.

Contudo, quando a atitude é fomentada por ONGs, alimentadas pela retórica desidratada dos direitos humanos – que fala e não faz – e copiada de uma intelectualidade envelhecida do Atlântico Norte, a ação merece ser questionada. A consciência popular é pragmática. O povo pobre e sofrido quer resolver seus problemas. Se for forçado a escolher entre a reclamação vazia e a ação grosseira, optará pelo segundo caminho.

O grande erro dos vitimistas é aceitar uma divisão de trabalhos nociva: os punitivistas agem, os vitimistas reclamam. A ação é um instrumento poderoso demais para ser uma prerrogativa apenas de quem conduz o direito penal. Precisa, na verdade, ser resgatada e reconcebida como mola propulsora para renovar as esperanças e as instituições que definem o funcionamento da vida na sociedade brasileira.

3.3 Limites

Em que pese suas diferenças, punitivismo e vitimismo não passam de faces opostas de uma mesma moeda. Para o primeiro, a prisão é a solução para os problemas da nação. Para o segundo, a prisão é justamente o problema, e a solução, portanto, passaria pelo fim – ou redução radical – do regime prisional.

O que os dois paradigmas têm em comum é abraçar uma espécie de absolutismo moral e institucional, em que a causa do problema e sua solução já estão pré-definidos. Cada um deles já sabe, antes de dar o primeiro passo na estrada, exatamente onde quer chegar. Toda a disputa que se segue é parte de uma luta ideológica por poder político para executar a sua agenda predefinida.

Os dados, contudo, não confirmam a percepção destes dois paradigmas.

Por um lado, o populismo ignora que o aumento do rigor penal quase nunca implica menos violência, e que os custos financeiros com a sustentação de prisões, combinado com o custo moral de eventuais tendências e erros no sistema de justiça, podem ser profundamente nocivos para toda a sociedade.

O vitimismo, por sua vez, tampouco se prova. Violência não é sinônimo de pauperização. A Índia, país mais pobre que o Brasil, possui índices de criminalidade muito mais brandos. O Piauí, um dos nossos estados mais pobres, também possui índices de violência inferiores à maioria dos estados brasileiros.[26] Ao mesmo tempo, Sobral,[27] a capital nacional da educação de qualidade – e uma região com serviços públicos exemplares em saúde e assistência – viu suas taxas de homicídio aumentarem enormemente, especialmente entre adolescentes.

A limitação empírica é acompanhada de uma cegueira normativa: "para quem só tem martelo, todo problema é prego". A única diferença entre os paradigmas é a natureza do prego. Para os punitivistas, a pena, a prisão, a força. Para os vitimistas, a solidariedade formal e a redistribuição de renda. O ideal de ação é petrificado no abstrato, indiferente às circunstâncias da realidade. Ambos se deitam em uma cama de Procrusto, continuamente serrando os pés da realidade imprecisa para se encaixar na teoria pré-moldada.

O efeito combinado das limitações empírica e normativa dos dois paradigmas é a *anestesia do pensamento*.

Nenhum deles nos ensina a observar e domesticar as variabilidades institucionais, ou a desenvolver maneiras de estimular a colaboração entre as ações do regime para promover a segurança no país. O país se afoga em uma espécie de radicalismo causal. Somos incapazes de enxergar as variações na natureza dos crimes e de suas manifestações particulares em regiões diversas. Assim também, tornamo-nos incapazes de aprender com a realidade, avaliar acertos e erros, aprimorar os padrões e evoluir com o tempo. A insegurança se torna um *fait accompli*.

---

[26] FÓRUM BRASILEIRO DE SEGURANÇA PÚBLICA E INSTITUTO DE PESQUISA APLICADA. Atlas da Violência 2018. Disponível em: http://www.forumseguranca.org.br/wp-content/uploads/2018/06/FBSP_Atlas_da_Violencia_2018_Relatorio.pdf. Acesso em 16.06.2018).

[27] FÓRUM BRASILEIRO DE SEGURANÇA PÚBLICA E INSTITUTO DE PESQUISA APLICADA. Atlas da Violência 2018. Disponível em: http://www.forumseguranca.org.br/wp-content/uploads/2018/06/FBSP_Atlas_da_Violencia_2018_Relatorio.pdf. Acesso em 16.06.2018.

Capítulo IV
PARADIGMAS EMERGENTES

Na tentativa de superar os limites dos paradigmas envelhecidos, dois novos paradigmas ganharam espaço ao longo dos últimos anos na segurança pública brasileira: o gerencialismo e o comunitarismo.

Os dois paradigmas promovem avanços para a compreensão dos desafios da segurança pública. Superam o radicalismo antinômico entre punitivismo e vitimismo e dão os primeiros passos rumo ao desenvolvimento de diretrizes e técnicas para o aprimoramento do regime de segurança no país. Os avanços, contudo, são limitados.

4.1 Gerencialismo

O gerencialismo consiste na adaptação, para o setor público, de técnicas de gestão tradicionalmente desenvolvidas e aplicadas, ao longo de anos, nas empresas do setor privado. O objetivo do gerencialismo é comprometer o sistema organizacional público com o resultado. Seu lema é a eficiência.

Para isso, três elementos básicos definem o gerencialismo: meta, dado e pressão. Como em uma empresa, metas de sucesso são estabelecidas no centro do regime e distribuídas para os distintos níveis da cadeia organizacional. Dados são continuamente gerados e avaliados para aferir a performance de funcionário ou departamento. A pressão por resultados completa o roteiro, eventualmente acompanhada de punições.

O gerencialismo na segurança pública é seguido de perto pelo avanço de nova metodologia de análise do funcionamento do setor: a chamada "economia do crime".[28] Segundo essa visão, a decisão individual de cometer ou não um crime é função predominante do cálculo de custo benefício do agente; se vale a pena ou não transgredir a lei. De forma análoga, aferir o sucesso ou fracasso de uma política de segurança exige compreender o custo-benefício da ação realizada pelo agente responsável.[29] Se os incentivos estiverem ajustados corretamente, o sistema funcionará.

No setor público a utilidade deste paradigma é limitada e, com frequência, contraproducente. Por um lado, no setor privado, a autonomia para alocação de recursos e movimentação das peças à disposição do gestor permite, ao menos em tese, presumir a responsabilidade do gestor para entregar as "metas" comprometidas. No setor público, ao contrário, (praticamente) cada ação do servidor público, independentemente de seu nível hierárquico, é estritamente regida por lei. A margem de discricionariedade do agente público é limitada e, com frequência, independente da vontade do servidor.[30] Assim, quando a pressão por resultado aumenta, os meios e possibilidades de obtê-los continuam iguais.

---

[28] BECKER, Gary. "Crime and Punishment: An Economic Approach". *Journal of Political Economy*. vol. 76, 1968, pp. 169-217.

[29] Para mais informações sobre o avanço da pesquisa empírico-analítica em segurança no Brasil, cf. CERQUEIRA, Daniel; LOBAO, Waldir. "Determinantes da criminalidade: arcabouços teóricos e resultados empíricos". vol. 47, n.2, 2004, pp. 233-269.

[30] Para uma visão distinta, cf. MUNIZ, Jacqueline de Oliveira. "Ser policial é, sobretudo, uma razão de ser". *Cultura e cotidiano da Polícia Militar do Estado do Rio de Janeiro*. (Tese de Doutorado), Instituto Universitário de Pesquisas do Rio de Janeiro, 1999. Disponível em: https://www.ucamcesec.com.br/wp-content//uploads/2011/05/Ser_policial_sobretudo_razao_ser.pdf. Acesso em 11.02.2019.

PARTE I - CAPÍTULO IV - PARADIGMAS EMERGENTES

O resultado é a dupla frustração. Primeiro, do agente público, sem instrumentos ou incentivos sustentáveis para entregar a mercadoria que lhe é cobrada, sente-se, com razão, frequentemente injustiçado. Segundo, da sociedade, que ao perceber que "estressar" permanentemente o regime sem compreender a natureza de sua organização e funcionamento, tende a retroceder aos velhos radicalismos.

Dois exemplos recentes da história nacional exemplificam os limites do gerencialismo. Os dois casos – Pernambuco e Espírito Santo – são especialmente valiosos, pois chegaram a ser apresentados ao país como o melhor exemplo de sucesso para todo o setor público. Hoje, são dois modelos frustrados.

Pernambuco: Pacto pela Vida (2007-2013)

Entre 2007 e 2013 Pernambuco implementou o programa Pacto pela Vida ("PPV"), criado pelo Plano Estadual de Segurança Pública em 2007.[31] Esse programa baseava-se no modelo implementado na cidade de Nova Iorque, que utilizava uma ferramenta de gestão policial, continuamente alimentada por dados, para direcionar a ação das autoridades policiais.

O programa, que contava com a coordenação conjunta do Judiciário, do Ministério Público e de medidas preventivas de violência, buscava integrar a ação das polícias civil e militar na identificação de grupos criminosos.[32] Era a chamada "repressão qualificada".[33]

---

[31] Cf. SECRETARIA DE PLANEJAMENTO E GESTÃO DO ESTADO DE PERNAMBUCO. "Pacto pela Vida". Disponível em: http://www.seplag.pe.gov.br/web/ppv/pacto-pela-vida. Acesso em 11.02.2019.

[32] Cf. INSTITUTO IGARAPÉ. "O pacto pela vida e a redução de homicídios em Pernambuco". Disponível em: https://igarape.org.br/wp-content/uploads/2014/07/artigo-8-p2.pdf. Acesso em 11.02.2019.

[33] Cf. INSTITUTO IGARAPÉ. "O pacto pela vida e a redução de homicídios em Pernambuco". Disponível em: https://igarape.org.br/wp-content/uploads/2014/07/artigo-8-p2.pdf. Acesso em 11.02.2019.

Reuniões para acompanhamento aconteciam todas as quintas-feiras. Nessas reuniões o "Comitê Gestor do Pacto pela Vida"[34] acompanhava os resultados das ações do programa (138 projetos se desenvolviam dentro no âmbito do PPV). O comitê contava com a coordenação do governador do estado (uma vez o mês) e do secretário de planejamento e gestão, além de representantes da polícia civil e militar, representantes das câmaras técnicas do programa.[35]

Os resultados apresentados pelo programa foram significativos. Em 2013, a redução no número de homicídios foi de até 33%.[36] O programa foi premiado pela ONU e pelo BID.

Entretanto, com a mudança do governo estadual, houve a substituição de diversos agentes envolvidos na implementação do programa. Neste momento o "Pacto" chegou ao fim. O aumento do número de homicídio nos últimos 3 anos após o fim do programa chegou a 39,3%.[37] No saldo final, o que se perdeu com vidas após o fim do Pacto foi maior do que o que se economizou durante sua vigência.

---

[34] Cf. BRASIL. Decreto n. 30.569, de 25 de jun. 2007. Cria o Comitê Estadual de Governança do Pacto Pela Vida, e dá outras providências. Disponível em: http://legis.alepe.pe.gov.br/texto.aspx?id=37569&tipo. Acesso em 11.02.2019. O art. 2º dispõe sobre a composição do comitê: I – Secretaria Chefe da Assessoria Especial do Governador; II – Secretaria de Defesa Social; III – Secretaria de Desenvolvimento Social e Direitos Humanos; IV – Secretaria de Educação; V – Secretaria da Fazenda; VI – Secretaria de Planejamento e Gestão; VII – Secretaria de Saúde; VIII – Secretaria Especial de Articulação Social; IX – Secretaria Especial de Juventude e Emprego; X – Secretaria Especial de Cultura; XI – Secretaria Especial da Mulher; XII – Secretaria Especial da Casa Militar; XIII – Secretaria Executiva de Direitos Humanos; XIV – Secretaria Executiva de Ressocialização; XV – Polícia Militar; XVI – Polícia Civil; XVII – Conselho Estadual da Criança e Adolescente.

[35] Cf. INSTITUTO IGARAPÉ. "O pacto pela vida e a redução de homicídios em Pernambuco". Disponível em: https://igarape.org.br/wp-content/uploads/2014/07/artigo-8-p2.pdf. Acesso em 11.02.2019.

[36] Cf. ORGANIZAÇÃO PONTE. "Por que o 'Pacto pela Vida' em Pernambuco fracassou". Disponível em: https://ponte.org/por-que-o-pacto-pela-vida-em-pernambuco-fracassou/. Acesso em 22.06.2018.

[37] Cf. FÓRUM BRASILEIRO DE SEGURANÇA PÚBLICA E INSTITUTO DE PESQUISA APLICADA. "Atlas da Violência 2018". Disponível em: http://www.forumseguranca.org.br/wp-content/uploads/2018/06/FBSP_Atlas_da_Violencia_2018_Relatorio.pdf. Acesso em 16.06.2018.

PARTE I - CAPÍTULO IV - PARADIGMAS EMERGENTES

Espírito Santo: Estado Presente/Ocupação Social[38]

O Espírito Santo implementou, em 2011, o programa Estado Presente em Defesa da Vida. O objetivo era combinar políticas de segurança com políticas sociais no combate à violência.

O plano se baseava em política social voltada ao aprimoramento dos direitos civis com acompanhamento feito pelas secretarias de Assistência Social, Trabalho, Direitos Humanos, Esportes e Lazer. Complementarmente, implementou-se um acompanhamento de dados e indicadores por parte das polícias civil e militar, também em diálogo com o poder judiciário.

As políticas concentraram-se nas chamadas zonas de vulnerabilidade. Diagnósticos foram feitos com base em dados, possibilitando o monitoramento e planejamento das ações policiais, com cobrança de metas por parte desses agentes, bem como geração de incentivos a bons resultados. Os resultados foram expressivos, como uma redução de 22% no número de homicídios entre 2010 e 2013.[39]

Apesar dos resultados positivos, essa política teve sua sustentabilidade posta à prova em 2017.[40] Neste momento, uma greve da polícia militar reivindicando aumento salarial produziu escalada de homicídios. 87 pessoas foram assassinadas em apenas 5 dias. O episódio foi visto como sinal de incapacidade do governo de negociar com os agentes policiais envolvidos. O que parecia promissor mostrou-se fracassado.

---

[38] Ocupação Social é o nome do programa que herda as propostas do Estado Presente, no novo governo estadual. Para mais informações, cf. https://sedh.es.gov.br/o-programa. Acesso em 11.02.2019.

[39] FAJARDO, Álvaro Rogério Duboc; BARRETO, Leonardo Nunes; FIGUEIREDO, Sabrina Oliveira. "Programa Estado Presente em Defesa da Vida". Disponível em: http://www.sgc.goias.gov.br/upload/arquivos/2015-05/programa-estado-presente.pdf Acesso em 11.02.2019.

[40] Cf. "O que nos ensina o caos na segurança do Espírito Santo?". São Paulo, *Carta Capital*, 08 fev. 2018. Disponível em: https://www.cartacapital.com.br/politica/o-que-nos-ensina-o-caos-na-seguranca-do-espirito-santo. Acesso em 11.02.2019.

O paradigma gerencialista ampliou a cobrança sobre os agentes de segurança pública, sem, contudo, promover melhorias em suas condições e forma de trabalho. O descompasso entre expectativas e instrumentos prejudica o desempenho da política pública e desgasta o Estado. Sem o apoio dos policiais, a política de segurança pública ruiu de maneira célere e perigosa.

Os limites das experiências de Pernambuco e do Espírito revelam problemas do paradigma gerencial. A partir do momento em que se alivia a "pressão" política sobre o sistema, exercida pelo chefe do executivo, o sistema rapidamente tende a regredir ao ponto original. Ao mesmo tempo, o regime também é vulnerável a causas externas. Uma greve policial – ainda que ilegal – no Espírito Santo pode ser suficiente para derrubar o programa como um todo.

4.2 Comunitarismo

O segundo paradigma emergente na segurança pública é o comunitarismo. Este, inspirado em experiências exitosas de gestão comunitária da segurança em países como os Estados Unidos, valoriza a capacidade comunitária de autogerir-se e de contribuir para diagnóstico e solução de seus problemas. Embora não adstrito ao funcionamento das polícias, tendem a concentrar-se neste campo.[41]

A orientação básica consiste em fomentar a colaboração entre núcleos comunitários e agentes de segurança na prevenção e combate ao crime. A direção é distinta de visões tradicionais de combate a violência, concentrados na atuação policial e no encarceramento. Laços de confiança e solidariedade entre sociedade e polícia são percebidos como decisivos para uma boa política de segurança em uma sociedade democrática.

---

[41] Referências na discussão são: BAYLEY, David. H.; SKOLNICK, Jerome. H. *Policiamento comunitário*. São Paulo: Fundação Ford, 2000; e GOLDSTEIN, Herman. *Policiando uma sociedade livre*. São Paulo: Fundação Ford, 2003. No Brasil: NEME, Cristina. "Projeto: o policiamento que a sociedade deseja: análise das discussões em grupo com Oficiais da Polícia Militar do Estado de São Paulo". São Paulo: Núcleo de Estudos da Violência, USP, 2003.

PARTE I - CAPÍTULO IV - PARADIGMAS EMERGENTES

"Os membros das comunidades, grupos, organizações governamentais e não governamentais, igrejas, escolas, instituições públicas e privadas, políticos e polícia são os parceiros em potencial para tornar possível este tipo de policiamento, que se caracteriza como um processo contínuo de construção de relações de confiança entre essa última e a comunidade. Tal confiança é essencial no desenvolvimento de um programa como esse, que depende da ação conjunta e da troca eficiente de informações".[42]

A experiência da Polícia Comunitária de Chicago

Em 1993, a cidade de Chicago, em Illinois nos EUA, iniciou uma política chamada "*Chicago's Alternative Policing Strategy*" – CAPS (Estratégia Alternativa do Policiamento de Chicago). A política aproxima os agentes policiais da comunidade de Chicago para, a partir de uma atuação conjunta, promover ações de prevenção de crimes. Segundo Wesley G. Skogan (2009), esse tipo de política demanda: i) descentralização; ii) comprometimento da comunidade e iii) resolução de problemas via policiamento. A experiência de Chicago casa esses três eixos para criar uma política de policiamento comunitário de sucesso.

A implementação do CAPS não foi simples; foi necessário ativismo constante dos agentes policiais para engajar a população. Distribuição de panfletos em escolas e igrejas, colocação de informativos sobre os locais das reuniões em caixas de pizza, foram algumas das medidas para aproximar polícia e comunidade.

Aproximadamente 45,5% das localidades em que a estratégia foi implementada a consideraram um sucesso, com reduções nos índices de criminalidade. No período de 1991 a 2002, houve uma queda de 49% das ocorrências de crimes violentos, e o CAPS é considerado um dos fatores causadores dessa redução.

Mais informações; National Institute of Justice. Disponível em: https://www.crimesolutions.gov/ProgramDetails.aspx?ID=299

---

[42] BEATO, Cláudio et. al. "Policiamento Comunitário: a visão dos policiais". Belo Horizonte: UFMG, 2009. Disponível em: http://www.crisp.ufmg.br/wp-content/uploads/2016/10/T050_Relat%C3%B3rio_PoliciamentoComunit%C3%A1rio_2009.pdf. Acesso em 11.02.2019.

O comunitarismo, a partir de fins da década de 1990, converte-se em "receita padrão" para os governos no Brasil.[43] O fundamento jurídico para a visão costuma ser o próprio artigo 144 da Constituição, que estabelece que a segurança é "direito e responsabilidade de todos". Se todos são a favor da "comunitarização da segurança" e, em especial da polícia, o debate se desdobra, no Brasil, em definir como o novo ideário influenciará a organização prática das instituições do Estado.[44]

O comunitarismo impacta a organização institucional das polícias em algumas regiões do país. Vários estados brasileiros, desde então, lançam mão da "polícia comunitária" como caminho para combater a criminalidade no país. Para defensores deste paradigma, a confiança, e não a ameaça, deve ser o novo pilar da organização policial:

> "Mais que uma mudança de estratégia, o policiamento comunitário tem representado uma espécie de apelo moral em favor da mudança no relacionamento da polícia com a sociedade. Esta mudança deveria orientar-se por um modelo de relacionamento calcado na confiança, compreensão e respeito".[45]

Uma segunda forma de aproximar a segurança da comunidade ocorre por meio dos Conselhos de Segurança Pública.[46] No Ceará, por exemplo, a Constituição Estadual trouxe a previsão de um Conselho

---

[43] Cf. MUNIZ, Jacqueline et. al. "Os estudos policiais nas ciências sociais: um balanço sobre a produção brasileira a partir dos anos 2000". *In:* BIB, São Paulo, n. 84, 2/2017, pp. 148-187, p. 166.

[44] Cf. MUNIZ, Jacqueline et. al. "Os estudos policiais nas ciências sociais: um balanço sobre a produção brasileira a partir dos anos 2000". *In:* BIB, São Paulo, n. 84, 2/2017, pp. 148-187, p. 166.

[45] BEATO, Cláudio. "Reinventando a polícia – a implementação de um programa de policiamento comunitário". Belo Horizonte: CRISP/UFMG (mimeo), 2001.

[46] Exemplos incluem o Estado do Tocantins (cf. https://www.pm.to.gov.br/policia-comunitaria/), Estado de Santa Catarina (cf. http://notes1.pm.sc.gov.br/aplicacoes/policiacomunitaria.nsf), Paraná (cf. http://www.conseg.pr.gov.br/modules/conteudo/conteudo.php?conteudo=4). Nesse tipo de política pública, a ação da política se dá em maior proximidade com a comunidade, integrando-se a comunidade no planejamento e acompanhamento das políticas públicas de segurança.

PARTE I - CAPÍTULO IV - PARADIGMAS EMERGENTES

Estadual de Segurança Pública, regulamentado pela Lei 12.120, de 1993. A atuação do Conselho é constante.[47] Operando ao lado do Conselho, o estado do Ceará ainda conta com o Fórum Popular de Segurança Pública desde 2017, que serve como espaço para diálogo entre representantes da sociedade civil, das mais diversas ideologias e acadêmicos com os agentes responsáveis pela segurança pública.

> **Fórum Brasileiro de Segurança Pública**
>
> Com o intuito de gerar ambiente permanente de reflexão e discussão sobre segurança pública no país, especialistas se reuniram, no começo dos anos 2000, para debater possibilidade de criação de espaço permanente de discussão sobre segurança pública no Brasil. Em 2006, nasce o Fórum Brasileiro de Segurança Pública (FBSP), associação sem fins lucrativos, que conta com representantes da sociedade civil, universidades e forças policiais.
>
> Além de encontros anuais, o FBSP elabora anuário contendo dados de segurança pública no país, com base nos dados das secretarias estaduais de segurança pública e do SUS. Os dados do FBSP são hoje referência para o governo e o país. A associação também exerce importante papel de controle social sobre as ações do poder público.
>
> Em 2015, o então Advogado-Geral da União, José Eduardo Cardozo, lançou o "O Pacto Nacional de Redução de Homicídios" no 9º encontro do FBSP, reconhecendo a importância dessa associação para avanço de políticas de segurança pública no Brasil.

Não é simples, contudo, organizar um projeto eficaz de "polícia comunitária" ou um Conselho em que a população participe de forma ativa. As razões da dificuldade são estudadas pela academia.[48] Entre elas, está o desafio de se construir o "elo de confiança" entre sociedade e segurança.

---

[47] Cf. "Conselho exige apresentação de plano de segurança pelo governo do Ceará". Ceará, *G1, 13 jan. 2018*. Disponível em: https://g1.globo.com/ce/ceara/noticia/conselho-exige-apresentacao-de-plano-de-seguranca-pelo-governo-do-ceara.ghtml. Acesso em 11.02.2019.

[48] BEATO, Cláudio. "Reinventando a polícia – a implementação de um programa de policiamento comunitário". Belo Horizonte: CRISP/UFMG (mimeo), 2001.

Nas localidades em que os laços comunitários de solidariedade são mais fortes e estáveis, o projeto comunitarista tem seu valor. Na maior parte do Brasil, contudo, a solidariedade local é frágil e a cooperação polícia-sociedade está longe de ser uma realidade. A simples presença da polícia na comunidade, com frequência, estimula nas pessoas percepção de que algo de errado pode estar ocorrendo. O contato entre cidadão e polícia apenas costuma ocorrer em situações de conflito deflagrado.[49]

A segurança pública, nesses casos, não pode esperar a confiança social primeiro nascer, para apenas depois começar a combater o crime. O estado tem o dever de agir desde já. Na organização de suas tarefas subsiste o desafio de coordenar os distintos agentes da segurança pública e a sociedade. Persiste a tarefa árdua de converter a experiência de cada instituição em insumo compartilhado para o aprendizado coletivo. Assim como persiste o desafio de estimular a inovação e a disseminação de práticas em distintos níveis da segurança pública. Se possível, ao mesmo tempo, deve o estado estimular os laços de solidariedade e/ou contar com a solidariedade nas comunidades locais.

O que o Estado não poderá jamais é se ausentar, enquanto a sociedade civil utópica não der o ar de sua graça.

4.3 Limites

A importância dos paradigmas emergentes do gerencialismo e do comunitarismo é abrir, ainda que parcialmente, o pensamento e a organização da segurança pública para a "realidade". Convidam gestores e a sociedade a compreenderem os dados – no caso do gerencialismo. E convidam a aproximação com a sociedade, que vive o problema da insegurança na ponta – no caso do comunitarismo.

Porém, os dois paradigmas são incapazes de entregar a mercadoria que propõem. O gerencialismo se rende ao cinismo institucional: presume que os arranjos vigentes da segurança pública são suficientes

---

[49] GOLDSTEIN, Herman. *Policiando uma Sociedade Livre*. Coleção Polícia e Sociedade. São Paulo: Editora da USP, 2003.

PARTE I - CAPÍTULO IV - PARADIGMAS EMERGENTES

– e concentra sua atenção na execução da obra. A palavra de ordem dos protogerentes, repetida à exaustão, costuma ser esta: "falta vontade política". O comunitarismo, do seu lado, se submete a um idealismo social ultramar: presume um ideal de colaboração coletiva muito distante da realidade nacional. Sempre inspirados na melhor experiência da América próspera, os comunitaristas ignoram as particularidades de nossa formação histórica insolidária e as particularidades de nossa estrutura social. O que poderia ser um nobre ideal, desacompanhado de roteiro de construção inovador, se converte em uma fuga.

O verdadeiro drama da segurança pública no país, assim como de boa parte dos principais problemas do desenvolvimento brasileiros, é ao mesmo tempo mais simples e mais profundo do que o gerencialismo e o comunitarismo – assim como o radicalismo punitivista e vitimista – sugerem. A realidade é que não sabemos como resolver os problemas da segurança no território nacional. Temos pouquíssimos exemplos de sucesso no país, sempre localizados e isolados. Assim como temos poucas informações sobre a performance das instituições de segurança pública, apesar dos avanços marginais. E não temos dado algum sobre que conjunto de arranjos, de fato, funcionam ou não funcionam na realidade nacional.

Quando não possuímos a solução pronta e acabada em nossas mãos – ao contrário do que presumem os discursos da onda – nem podemos contar que uma solução universal e miraculosa emergirá das cinzas para nos salvar. É necessário reprogramar a forma como direcionamos nosso pensamento e ação sobre a segurança no país.

O desafio mais importante não é como gerenciar o que já não presta, nem como acoplar o que não presta a comunidades desestruturadas. O desafio central é como reconstruir as condições de experimentação no país, para que, ao longo do tempo, o Brasil desenvolva sua própria capacidade de inventar e disseminar soluções adequadas para cada parte do território nacional e para todo o país. Criar um sistema de segurança público novo, capaz de aprender, inovar e evoluir no combate às várias formas de criminalidade, é um desafio decisivo para a democracia brasileira hoje.

Capítulo V
PARADIGMA COOPERATIVO

5.1 Visão geral

As bases para um novo paradigma de segurança pública já existem na realidade brasileira, embora seu sentido profundo ainda seja, em grande medida, desconhecido.

Alguns de seus elementos ideais vieram se formando ao longo dos últimos 15 anos, passo a passo, com idas e vindas, sem muito alarde. O país tem desenvolvido a compreensão de que a segurança pública exige mais do que escolher entre polícia e direitos humanos, pressão e solidariedade. E de que a transformação do regime de segurança exige "comunicação" aprofundada entre os distintos componentes da cadeia para aprimorar sua capacidade de agir, aprender e evoluir.

Os primeiros indícios sólidos de formação de nova visão da segurança pública remontam ao início dos anos 2000. À época, uma série de encontros significativos discutiu a necessidade de se organizar uma base de "dados" que nos permitisse observar a evolução geral das políticas de segurança no país.[50] Até hoje, contudo, o único dado seguro

---

[50] Para lista de edições do Fórum Brasileiro de Segurança Pública, cf. http://encontro.forumseguranca.org.br/edicoes-anteriores/

da segurança pública é o de homicídios – obtido pelo Ministério da Saúde e compilado ano a ano pelo Fórum Brasileiro de Segurança Pública e pelo Instituto de Pesquisa Aplicada.

Durante o governo Lula, novas tentativas de promover a coordenação federal na área de segurança pública chamaram atenção. Ponto emblemático, em 2004,[51] foi a criação da Força Nacional de Segurança Pública. A Força Nacional surgia para, mediante solicitação dos estados ou de ministro de Estado, realizar policiamento ostensivo para preservação da ordem pública e incolumidade das pessoas. Era o primeiro passo para oferecer à União o papel subsidiário da segurança que lhe havia sido retirado na Constituição de 1988.

Na gestão do Ministro Tarso Genro (2007-2010), nova tentativa de organizar a cooperação nacional avançou com a aprovação do Programa Nacional de Segurança Pública e Cidadania (PRONASCI), criado por meio da Lei 11.530,[52] de 2004. O PRONASCI combina conjunto de políticas de segurança e sociais, precedidas por "pactuação" com autoridades policiais e lideranças de áreas sociais. Em sua execução, o PRONASCI também previa para a União o papel coordenador das medidas estaduais e municipais.[53] Pouco do programa, no entanto, saiu do papel.[54]

---

[51] BRASIL. Decreto n. 5.289, de 29 de nov. 2004. Disciplina a organização e o funcionamento da administração pública federal, para desenvolvimento do programa de cooperação federativa denominado Força Nacional de Segurança Pública, e dá outras previdências. Disponível em: http://www.planalto.gov.br/ccivil_03/_ato2004-2006/2004/decreto/d5289.htm. Acesso em 11.02.2019.

[52] Cf. BRASIL. Lei n. 11.530, de 24 out. 2007. "Institui o Programa Nacional de Segurança Pública com Cidadania – PRONASCI e dá outras providências". Disponível em: http://www.planalto.gov.br/ccivil_03/_ato2007-2010/2007/Lei/L11530.htm. Acesso em 11.02.2019.

[53] SILVA, Ronaldo T. da. "Programa Nacional de Segurança Pública e Cidadania (Pronasci)". *In:* OLIVEIRA, Fátima Baya de; ZOUAIN, Deborah Moraes. *et all. Desafios da Gestão Pública de Segurança.* Rio de Janeiro: Ed. FGV, 2009.

[54] As regiões metropolitanas em que se tentou desenvolver um piloto do programa foram Belém, Belo Horizonte, Brasília, Curitiba, Maceió, Porto Alegre, Recife, Rio de Janeiro, Salvador, São Paulo e Vitória. Todas foram escolhidas em função do elevado índice de violência.

PARTE I - CAPÍTULO IV - PARADIGMA COOPERATIVO

No governo Dilma, outro passo importante foi dado para organizar a base de dados nacional da segurança: a criação do Sistema Nacional de Informações de Segurança Pública, Prisionais e sobre Drogas[55] (SINESP). O SINESP previa que os estados deveriam repassar dados atualizados ao governo federal, como condição para captar recursos do governo. Com o estímulo direcionado, esperava-se criar e alimentar base centralizada de informações para a gestão da segurança. O projeto também naufragou, em parte por carência de recursos.

A explosão de violência durante o carnaval em 2018[56] foi o estopim que serviu como motivo para a decretação, pelo governo federal,[57] de intervenção federal no Rio de Janeiro, sob a liderança de general militar. O Presidente Temer, em seguida, cria o Ministério de Segurança Pública,[58] como agente coordenador da segurança pública nacional. A fundamentação da iniciativa é breve, conforme descrito objetivamente na "Exposição de Motivos"[59] da Medida Provisória que criou o novo ministério:

> A urgência e a relevância que justificam o uso de medida provisória decorrem da necessidade de providências imediatas pelo

---

[55] Cf. BRASIL. Lei n. 12.681, de 4 de jul. 2012. "Institui o Sistema Nacional de Informações de Segurança Pública, Prisionais e sobre Drogas – SINESP". Disponível em: http://www.planalto.gov.br/ccivil_03/_ato2011-2014/2012/lei/l12681.htm. Acesso em 11.02.2019.

[56] Cf. Estadão. "Explosão que especialistas apontam não ter ocorrido". Disponível em: https://brasil.estadao.com.br/noticias/rio-de-janeiro,nao-houve-nenhuma-explosao-de-violencia-no-rio-durante-carnaval-diz-diretora-do-isp,70002192494. Acesso em 11.02.2019.

[57] Cf. BRASIL. Decreto n. 9.288, de 16 de fev. 2018. "Decreta intervenção federal no Estado do Rio de Janeiro com o objetivo de pôr termo ao grave comprometimento da ordem pública". Disponível em: http://www.planalto.gov.br/ccivil_03/_ato2015-2018/2018/decreto/D9288.htm. Acesso em 11.02.2019.

[58] Cf. BRASIL. Medida Provisória n. 821, de 26 de fev. 2018, convertida na Lei n. 13.502, de 1º de nov. 2017.

[59] BRASIL. Exposição de Motivos n. 25, de 26 de fev. 2018. MJ/MP/MD/CC-PR. Disponível em: http://www.planalto.gov.br/ccivil_03/_ato2015-2018/2018/Exm/Exm-MP-821-18.pdf. Acesso em 11.02.2019.

Governo Federal para minorar a crise da segurança. O quadro, parece claro, justifica o uso de medida provisória em vez da apresentação de projeto de lei ordinária.

No ano passado, o Congresso Nacional adaptou e aprovou a Lei 13.675/18, que criou o Sistema Único de Segurança Pública ("SUSP"). Tal lei dispõe em seu art. 1º que o SUSP surge para preservar a ordem pública e a incolumidade das pessoas a partir de uma atuação integrada dos órgãos de segurança pública e da defesa social dos entes federativos. A União participaria do sistema como órgão coordenador. Digo participaria, já que o governo Bolsonaro mal assumiu e logo extinguiu o recém-criado Ministério da Segurança Pública, para renovar o papel e liderança do Ministério da Justiça, agora comandado pelo Ministro Sergio Moro.[60]

Cada uma dessas experiências – que começam ainda no governo Fernando Henrique Cardoso, passam pelos governos Lula e Dilma, e avançam até o governo Temer –, são limitadas e infrutíferas. Dão passos graduais, nem sempre em uma rota linear, mas sinalizam, no conjunto, uma convergência no país em torno de um novo ideário para a segurança pública, que vai muito além do radicalismo dos paradigmas envelhecidos e das limitações dos paradigmas emergentes.

5.2 Atributos

O novo paradigma da segurança pública parte da premissa de que a causa da criminalidade nunca é *simples e única*: varia segundo condições socioeconômicas, regionais e conforme a modalidade de crime.[61] Assim,

---

[60] Cf. BRASIL. Medida Provisória n. 870, de 1 de jan. 2019.

[61] As bases intelectuais do novo paradigma são desenvolvidas, principalmente, a partir da obra de Roberto Mangabeira Unger e Charles Sabel. Sabel sugere nova matriz de governança experimentalista. Mangabeira oferece os fundamentos intelectuais e espirituais do experimentalismo democrático. Por um lado, o autor põe em xeque as bases das ciências sociais mais influentes no mundo, o marxismo e o positivismo. Por outro, justifica o potencial construtivo do experimentalismo no pensamento, na política

PARTE I - CAPÍTULO IV - PARADIGMA COOPERATIVO

do mesmo modo que não existe um inimigo da segurança (a PM ou os "defensores de direitos humanos"), tampouco existe "bala de prata" para resolver o problema da noite para o dia.

O novo paradigma também supera a premissa de que os problemas mais significativos da segurança pública são solucionáveis por uma pessoa ou instituição heroica. Cada problema costuma ser o efeito de uma série de ações entrelaçadas, cujo enfrentamento também costuma demandar a coordenação de esforços entre distintos agentes em instituições e níveis federais variados.

A tarefa central, no novo paradigma de segurança pública, é colocar em marcha um regime cooperativo, capaz de trocar informações, avaliar as causas profundas, aprender com os erros uns dos outros e evoluir ao longo do tempo, continuamente incluindo novas expectativas democráticas e aprimorando as capacidades reais das instituições locais para enfrentar e resolver impasses.

Mais importante que saber o que é certo em um determinado momento e local, ou esperar a chegada do heroísmo salvador, é organizar o circuito nacional na segurança pública para que novas experiências sejam continuamente germinadas, testadas e disseminadas pelo restante

---

e na organização social. Sua visão sobre o tema está condensada em UNGER, R. M. & CUI, Zhiyuan. Politics: The central texts: Theory against fate. New York: Verso, 1997. Charles Sabel aponta o desenvolvimento, em distintas áreas, de novo paradigma de organização social federativa e aberta. Informação, agora, flui não apenas de cima para baixo, como também de baixo para cima. O monitoramento contínuo auxilia nesse processo de revisão permanente das metas, segundo orientação das instituições locais. Para uma visão geral, cf. SABEL, Charles. "Beyond principal-agent governance: experimentalist organizations, learning and accountability", edited by Jeffrey Neil Gordon and Mark J. Roe. *Cambridge University Press*, 2004, pp. 310-327. Para compreender a aplicação da governança experimentalista a um aspecto da segurança pública, cf. SABEL, Charles F.; SIMON, William. "Due Process of Administration: The Problem of Police Accountability". *Stanford Public Law Working Paper*. n. 2507280, 2014. As bases intelectuais e institucionais de uma nova visão de estado e de desenvolvimento, aberta à inovação, na sociedade e nos entes federados, também foi elaborada por mim em outro projeto. Cf. VARGAS, Daniel B. "Creative Society in the Making – Social Innovation, Civism and Governance in the 21st Century". (Tese de Doutorado), Harvard Law School (mimeo).

do regime de segurança no país. Essas novas experiências também serviriam como embrião de novos caminhos – e de uma esperança e capacidade de ação renovados no país.

Para que esse circuito funcione a contento, a segurança pública deve ser capaz de pactuar metas, avaliá-las e sistematizar resultados, disseminar boas práticas, apoiar regiões que mais precisam, estimular a inovação e promover parcerias entre agentes e entes federados em distintas partes do país, sempre com transparência.[62] Em uma frase: o paradigma cooperativo propõe avançar aprendendo, colaborando e evoluindo.

Três diretrizes são centrais para cumprir esse propósito de um novo paradigma de segurança pública brasileiro: monitoramento, inovação e integridade.

a. Monitoramento

O paradigma cooperativo não pressupõe o conhecimento das causas e soluções na segurança pública, mas, ao contrário, valoriza a inquirição constante sobre o que funciona e não funciona no regime.

Por isso, o monitoramento opera como espécie de sismógrafo da realidade: sinaliza ao gestor e à sociedade as oscilações inesperadas da segurança; mostra tendências de sucesso ou fracasso no médio prazo; permite a comparação entre distintos programas e regiões, mostrando onde estão as melhores "escolas" e as regiões mais problemáticas; permite o controle social qualificado; orienta o debate político sobre a gestão no setor, ampliando, por conseguinte, a *accountability*; permite concentrar a inteligência e desenvolver políticas especializadas.

Hoje, no Brasil, praticamente inexiste monitoramento da segurança pública.

O Brasil ainda engatinha na construção de base de dados nacional e pública. O Fórum Brasileiro de Segurança Pública, desde 2007, compila os dados de segurança pública nacional, com a cooperação de secretarias

---

[62] Sobre o tema, cf. nota de rodapé 61.

de segurança pública dos entes federativos. As informações são disponibilizadas no Atlas da Violência.[63] O DATASUS, que congrega informações de saúde, disponibiliza desde a década de 1980 dados relevantes sobre letalidade, que ainda hoje são o dado mais confiável em estudos em segurança pública.[64] Sequer existem no Brasil padrões metodológicos definidos para organização dos dados da segurança em geral. Embora alguns estados sistematizem dados sobre números de homicídios, letalidade policial, roubos e furtos, por exemplo, metodologias distintas costumam ser empregadas para identificar cada crime. O efeito são distorções significativas na análise das informações em cada estado e, sobretudo, na análise agregada.[65]

b. Inovação

A experimentação é o meio e o fim: contribui para domesticar a imprevisibilidade e a aprimorar continuamente o regime.

O regime cooperativo da segurança deve promover a inovação contínua em distintos níveis, continuamente expandindo o horizonte de possibilidades e experiências, que deverão orientar o aprimoramento do próprio sistema. Esse aprimoramento, portanto, não se dará, na forma, por grandes saltos macroestruturais, mas pelo avanço gradual das instituições que dão forma ao regime de segurança pública no país – embora o efeito cumulativo de aprimoramentos pontuais possa ser radical.

O desafio consiste em acelerar a experimentação e aprendizagem. E, para isso, compreender que condições permitem inovações mais ou menos intensas e férteis.

---

[63] Cf. FÓRUM BRASILEIRO DE SEGURANÇA PÚBLICA E INSTITUTO DE PESQUISA APLICADA Atlas da Violência 2018. Disponível em: http://www.ipea.gov.br/portal/images/stories/PDFs/relatorio_institucional/180604_atlas_da_violencia_2018.pdf. Acesso em 11.02.2019.

[64] Para mais informações sobre DATASUS, cf. http://datasus.saude.gov.br/

[65] BERNARDO, Kaluan. "A forma como a taxa de homicídios é calculada impacta nas estatísticas". *Nexo Jornal*, 26 fev. 2016. Disponível em https://www.nexojornal.com.br/expresso/2016/02/26/A-forma-como-a-taxa-de-homic%C3%ADdios-%C3%A9-calculada-impacta-nas-estat%C3%ADsticas. Acesso em 11.02.2019.

Para isso, é necessário superar o regime de rupturas por ciclos que hoje impera: um ato de violência choca a população; o clamor social reclama atuação decidida dos agentes públicos; autoridades entram em cena para oferecer resposta radical que aplaque a ansiedade pública; reações críticas e humanitárias, igualmente radicais, contestam o imediatismo das medidas; tudo muda para continuar tudo igual.

O que costuma predominar neste ciclo é o voluntarismo radical. Para dar "resposta" ao clamor das ruas, medidas de impacto são tomadas, sem clareza sobre a causa real do problema, sobre o que se tentou em situações análogas, sobre possíveis externalidades da medida em outros setores. Com mais frequência, tudo continua exatamente como era, se não piorar.

A segurança pública pode ser organizada de outro modo, para permitir que a interação entre entes federados e sociedade seja capaz de identificar problemas e produzir inteligência capaz de corrigi-los periodicamente, eventualmente neutralizando ou moderando as instabilidades ao longo do tempo. Primeiro, buscando inovações na base da sociedade: nas formas de parceria e cooperação entre a sociedade e as lideranças públicas. Segundo, promovendo inovações no interior das instituições de segurança: nos protocolos que orientam o funcionamento dos agentes públicos – por exemplo, a Polícia Militar, o Ministério Público e o Judiciário. Terceiro, estimulando inovações em âmbito nacional: nos próprios critérios de integração entre os entes, ou nas formas apoio especial a uma ou outra arena da sociedade.

c. Integridade

A segurança pública não pode ser tratada apenas como problema de polícia ou social – é um problema do *desenvolvimento brasileiro*: dos três níveis da federação, dos três poderes estabelecidos, da academia, da mídia e da sociedade civil.

Essa compreensão integrada da segurança tem três significados básicos para o paradigma cooperativo.

O primeiro é que não existe na segurança medida salvadora única, como se um profeta trouxesse dos céus a palavra da ordem, da paz e do desenvolvimento. A palavra precisa ser construída coletivamente. O segundo é que o país precisa superar visão que ainda impera no senso comum, de que o problema de segurança é prioritariamente do Executivo – ou da polícia – enquanto o Ministério Público e o Judiciário seriam o caminho da solução. O que a polícia faz ou deixa de fazer é também o reflexo do comportamento dessas outras instituições. Todos são igualmente responsáveis pelo caos instalado no Brasil. O terceiro é que a solução exigirá mudanças em cada uma dessas instituições, e nos três níveis da federação, de forma orquestrada.

Para ordenar essa dinâmica de mudanças contínuas, sem desrespeitar as vocações originais de cada uma das instituições de segurança, o caminho é definir o rumo comum e colocar em marcha as primeiras mudanças certeiras para inaugurar uma dinâmica de inovações subsequentes.

A integridade, em outros termos, exige de cada órgão do país pensar e agir em um regime ao mesmo tempo fragmentado – com especializações e objetivos variados – mas também coeso – formando parte de um horizonte nacional compartilhado. Trata-se, portanto, justamente do oposto do isolacionismo que hoje caracteriza cada ação na segurança pública brasileira. Cada elo do sistema de segurança deve estar comprometido como o fim comum.

A seguir, examino alguns dos passos centrais para avançar o paradigma cooperativo da segurança pública no Brasil. O propósito não é sugerir uma planilha pronta. Mas, ao contrário, acenar com o rumo, cuja trajetória pode ser melhor apreendida, sempre que possível, em iniciativas exemplares.

Parte II
Eixos

Part II

1963

Capítulo I
EIXO 1: COOPERAÇÃO VERTICAL

A realização do paradigma da segurança pública no Brasil exige conjunto de inovações institucionais em três eixos: cooperação vertical, cooperação horizontal e cooperação transversal.

A cooperação vertical diz respeito à relação entre a União, os Estados e os Municípios na prestação do serviço de segurança pública.

Existem hoje basicamente duas modalidades de "cooperação vertical" no federalismo da segurança pública.

A primeira forma são as expedições à Brasília: lideranças políticas municipais e estaduais hoje se submetem a peregrinações periódicas nos corredores do poder em Brasília em busca de apoio financeiro do Executivo ou do Legislativo. Com sorte, o deputado simpático à liderança local lhe destina uma emenda parlamentar para comprar 10 viaturas ou 100 revólveres. Tudo realizado no maior improviso, sem qualquer critério estruturado.

A segunda é a ação do Exército. É cada vez mais frequente o uso de missões de Garantia de Lei e Ordem ("GLO")[66] no país. O Exército,

---

[66] O fundamento dessa medida é o art. 142 da CRFB/88, que foi regulamentado pela Lei Complementar 97/1999 e pelo Decreto 3897/2001. Mais informações: https://www.defesa.gov.br/exercicios-e-operacoes/garantia-da-lei-e-da-ordem

nesses casos, é convocado a suprir momentânea e excepcionalmente a incapacidade da segurança local (em casos de greves policiais ou disparada na violência).[67] No Rio de Janeiro, por exemplo, foi decretada durante a Rio +20, Copa das Confederações e visita do Papa Francisco, Olimpíadas e Copa do Mundo. No Espírito Santo, foi decretada durante a greve da polícia militar em 2017. No Amazonas, Roraima e Rio Grande do Norte, durante a crise do sistema penitenciário em 2017, entre outros exemplos.[68] Recentemente, o presidente da República decretou a GLO para desobstrução de vias, durante a greve dos caminhoneiros em todo o país.[69-70]

O dinheiro e a força não são o caminho para corrigir o drama do isolacionismo – e as deficiências institucionais crônicas em todo o país. Mantém-se intocado o isolacionismo do velho regime, que incapaz de promover a cooperação na segurança pública entre cada agente, cada órgão, cada ente federado, tem todos os incentivos para voltar-se para dentro de si.

---

[67] Cf. MAMMI, Antonio. "Veja 18 ocasiões em que as forças armadas patrulharam o asfalto no país". São Paulo, *Folha de São Paulo*, 26 fev. 2018. Disponível em: https://www1.folha.uol.com.br/cotidiano/2018/02/veja-18-ocasioes-em-que-as-forcas-armadas-patrulharam-o-asfalto-no-pais.shtml. Acesso em 11.02.2019.

[68] No Rio Grande do Norte, a GLO foi decretada para combater depredações ao patrimônio público e incêndios em 2016. Cf. Ministério da Defesa. "Garantia da Lei e da Ordem". Disponível em: https://www.defesa.gov.br/exercicios-e-operacoes/garantia-da-lei-e-da-ordem. Acesso em 11.02.2019.

[69] Cf. BRASIL. Decreto n. 9.382, de 25 de maio de 2018. Disponível em: http://pesquisa.in.gov.br/imprensa/jsp/visualiza/index.jsp?jornal=600&pagina=1&data=25/05/2018&totalArquivos=2. Acesso em 11.02.2019.

[70] No âmbito estadual, a mesma tendência à busca de soluções excepcionais tem prevalecido, com a criação de esquadrões de elite, que destacam e treinam contingentes especiais da polícia militar para agir em situações emergenciais. Geralmente, são parte integrante da Polícia Militar, com treinamento direcionado à ação em situações "críticas". Em cada ente da federação podem ter nome próprio, a título de exemplo a do Rio de Janeiro se chama Batalhão de Operações Especiais ("BOPE") e o de São Paulo se chama Ronda Ostensivas Tobias de Aguiar ("ROTA"). Assim como o GLO, o uso de batalhões especiais tem se tornado rotina nas políticas de segurança pública de diversos estados. O risco real é a conversão da segurança pública em administração da batalha – em vez de uma estrutura capacitada para dissuadir, investigar e punir adequadamente o crime.

PARTE II - CAPÍTULO I - EIXO 1: COOPERAÇÃO VERTICAL

A reconstrução dos canais de cooperação federativa é decisiva para promover a comunicação entre os entes federados, estimular a inovação e sua disseminação. No plano vertical, são quatro os componentes centrais dessa mudança: metas, avaliação, financiamento e flexibilidade.

> **A experiência de Pelotas, no Rio Grande do Sul**
>
> O município de Pelotas, no Rio Grande do Sul possui programa que exemplifica a coordenação federativa vertical (entre União, estado e município). Embora a competência constitucional para segurança pública seja fortemente concentrada nos estados, esse município gaúcho criou o Pacto Pelotas pela Paz ("PPP"), em que o município passou a ter posicionamento mais ativo na segurança pública se engajando com União e estado para combater a violência, além de abrir espaço para atuação de seus munícipes.
>
> O PPP reúne no mesmo projeto: i) brigada militar; ii) polícia civil; iii) superintendência de serviços penitenciários; iv) instituto geral das perícias; v) polícia federal; vi) polícia rodoviária federal; vii) ministério público; viii) poder judiciário e ix) agentes de trânsito em ações colaborativas e conjuntas. Além disso o município criou uma Secretaria de Segurança Pública que montou "Grupo de Ações Rápidas da Guarda Municipal" e a "Patrulha Rural". O projeto é recente, mas indica claramente o engajamento do município na política de segurança.

1.1 Metas

A pactuação de metas nacionais para a segurança pública é o passo inicial para ativar o aprimoramento do regime. As metas devem servir como foco comum e claro para todos os agentes públicos, respeitados os diferentes pontos de partida nas localidades nacionais. A pactuação servirá para retirar o debate da segurança da abstração, que, sem os pés no chão, arrisca navegar a esmo. Acompanhada do monitoramento constante da realidade, as metas também ajudam a sinalizar às lideranças e ao país a efetividade (e limites) das políticas em curso.

Já existem no Brasil alguns exemplos do uso de metas na gestão da segurança. O Estado de Pernambuco, ao criar o Pacto pela Vida, definiu meta objetiva: redução de 12% ao ano das taxas de mortalidade violenta intencional no estado.[71] Embora ambiciosa, nos primeiros anos de programa, o Estado atingiu sua meta. Em 2011, o Paraná projetou, por meio do seu Plano Plurianual (PPA),[72] uma redução de 1/3 nos homicídios até 2015 (sair da taxa de 30,40 homicídios dolosos por 100.000 habitantes para 21,50 por 100.000 habitantes). O Ceará, em seu Programa em Defesa da Vida, estabeleceu a meta de redução de crimes no Estado de 6% em 2015. Na União, em 2015, o governo federal considerou lançar o Pacto Nacional pela Redução de Homicídios, com meta de redução de 5% do número de homicídios ao ano. O projeto, contudo, não chegou a ser implementado.[73]

Essas experiências sinalizam o horizonte de ação para a construção de metas nacionais na segurança pública, pactuadas politicamente com as lideranças estaduais e municipais. E ratificadas pelo Congresso Nacional.

O pacto nacional servirá como marco nacional para a ordenação do regime e como referência para as demais políticas e também para a sociedade.

1.2 Avaliação

O Brasil também deve organizar, ao lado do regime de metas, estrutura de avaliação permanente da segurança pública. Para isso, o país deve cumprir duas tarefas prioritárias.

A primeira é ordenar a coleta contínua e detalhada de dados da segurança.

---

[71] Cf. Secretaria de Planejamento e Gestão do Estado de Pernambuco. Pacto pela Vida. Disponível em: http://www.seplag.pe.gov.br/web/ppv/pacto-pela-vida. Acesso em 11.02.2019.

[72] Plano Plurianual Paraná 2012-2015. Disponível em: http://www.planejamento.pr.gov.br/arquivos/File/Anexo_Lei_17013_versao_final_corrigida.pdf. Acesso em 11.02.2019.

[73] Para mais informações, cf. Ministério da Justiça propõe pacto pela redução de homicídios. *In: Governo do Brasil*. Disponível em: http://www.brasil.gov.br/noticias/seguranca-e-justica/2015/10/ministerio-da-justica-propoe-pacto-pela-reducao-de-homicidios. Acesso em 11.02.2019.

PARTE II - CAPÍTULO I - EIXO 1: COOPERAÇÃO VERTICAL

O Brasil ainda deve construir sistema de coleta e padronização de dados de segurança pública. A uniformização da metodologia é essencial para orientar a formação de base de dados nacional e comparar as experiências estaduais. Hoje, cada estado ainda possui a liberdade de escolher como mensurar seus índices. Não há consenso sobre a metodologia para contabilizar sequer os homicídios. O resultado é que uma ocorrência com 5 pessoas pode ser contabilizada como 5 homicídios no Rio de Janeiro e 1 em São Paulo.[74]

Quem definirá o padrão metodológico nacional (a linguagem comum com que identificaremos os principais crimes no país)? É desejável que uma instituição nacional – tal como o Ministério da Segurança Pública, recentemente extinto pelo Presidente Bolsonaro ou outra instituição equivalente – cumpra este papel.[75] Ao fixar padrão para todos os estados (que também poderá ser escrutinado e evoluir), o país poderá melhor compreender os avanços de políticas públicas, além de compartilhar e comparar experiências entre distintos entes e organizações com mais rigor. Assim também seremos mais capazes de tornar o problema da violência algo que comprometa não só o policial ou promotor local, mas a todos no país.

A experiência brasileira de avaliação de políticas públicas em outras áreas é uma boa lição para o que e como agir na segurança. Na saúde,

---

[74] Essa divergência surge porque, devido à liberdade que cada ente federativo tem para contabilizar seus índices criminais, o estado de São Paulo – como citado no exemplo – considera que para cada ocorrência, apenas 1 homicídio será computado, independentemente do número de mortos. Assim, caso 5 pessoas sejam vítimas de homicídio por um mesmo fator, somente 1 homicídio será somado. A metodologia vai na contramão de diversos estados do país, a exemplo do Rio de Janeiro, que houvesse uma ocorrência que gerasse 5 vítimas, 5 seria o número adicionado aos índices de homicídio.

[75] O atual governo sinalizou ciência do desafio e se comprometeu a buscar a uniformização dos dados nacionais. Cf. pronunciamento do Ministro da Segurança Pública Raul Jungmann: "O dinheiro aos estados será condicionado à entrega de resultados em termos de redução de homicídios, melhoria de formação e uniformidade de dados. Não se pode fazer um diagnóstico nacional se todo mundo não estiver falando a mesma língua, coisa que não temos hoje." *In*: MENA, Fernanda. *"E agora, Brasil?"*. *Folha de São Paulo*, São Paulo, 20 abr. 2018. Disponível em: https://temas.folha.uol.com.br/e-agora-brasil-seguranca-publica/criminalidade/com-taxas-explosivas-pais-naufraga-em-ineficiencia-e-descoordenacao.shtml. Acesso em 11.02.2019.

o DATASUS, criado pelo Decreto 100/91 e adaptado pelo Decreto n. 6.860/09, registra dados auxiliares do Sistema Único de Saúde, além de dar assistência aos demais entes da federação com dados sobre a área. Na assistência social, a base de dados do Bolsa Família detalha evolução de cada criança, em cada escola, em cada município do país, informando não apenas suas notas, mas seu peso, sua altura, seu avanço.[76] Na educação, a criação da Prova Brasil e do IDEB servem como referências para compreensão do *status* de todo o sistema. É possível avançar de forma análoga na segurança pública.

A experiência comparada também apresenta lições importantes para a avaliação de políticas. O Chile[77] possui sistema de avaliações periódicas do "estado da arte" da segurança pública: a cada 4 anos, ocorre a elaboração de diagnóstico do sistema penitenciário; a cada 10, é elaborado plano estratégico institucional da polícia, atualizado periodicamente; a cada 4, ocorre diagnóstico de atuação da polícia, mensurando o nível de cumprimento dos planos estratégicos e institucionais que contém também recomendações à polícia; o Ministério Público, todo o mês de abril, publica dados contendo indicadores de desempenho, objetivos estratégicos a serem perseguidos, e informações que permitam a mensuração do grau de cumprimento das linhas de atuação da instituição no país.

A segunda tarefa é ajudar a construir, no âmbito de cada estado, estrutura capaz de auxiliar na organização de dados e garantia da transparência. A realidade dos estados para agir ainda é, em regra, precária. A segurança pública, na maior parte dos entes federados, ainda vive no escuro, o que faz com que as políticas sejam marcadas pelos sobressaltos de voluntarismo e imediatismo, sem qualquer horizonte seguro de médio ou longo prazo. Tampouco deve surpreender, nesse ambiente, que haja pouca transparência no país sobre o funcionamento das instituições que

---

[76] Para mais informações, cf. http://bolsafamilia.datasus.gov.br/w3c/bfa.asp.

[77] Cf. Paz Ciudadana. Disponível em: http://www.pazciudadana.cl/wp-content/uploads/2016/10/PROPUESTAS-PARA-UNA-ESTRATEGIA-DE-SEGURIDAD-P%C3%9ABLICA-DE-LARGO-PLAZO-PARA-CHILE-2016.pdf. Acesso em 11.02.2019.

atuam na segurança pública nacional.[78] Quando sequer existem dados organizados, não há o que "abrir" à população.

Para orientar a ação dos estados na produção, análise e divulgação dos dados, um caminho promissor é criação de órgão auxiliar da secretaria de segurança pública comprometida com a missão. É o que faz o Instituto de Segurança Pública ("ISP"),[79] no estado do Rio de Janeiro. O ISP é uma autarquia pública, que compila relatórios sobre o cenário fluminense. A entidade tem a função de elaborar e divulgar diagnósticos de segurança pública para orientar tomadores de decisão e informar a sociedade. É claro que o ISP tem enfrentado, ao longo dos anos, dificuldade para se organizar e se afirmar perante os demais agentes do Estado. Ao se consagrar a competência de instituição própria, na retaguarda da segurança, para construir, gerir e disponibilizar dados, a tendência é se alterar o compasso da segurança pública – sua organização, a interação entre seus departamentos, a sua mobilização e seu funcionamento.

1.3 Conhecimento

Ao lado de metas e avaliação, o país deve também estruturar regime de produção do conhecimento em segurança pública.

---

[78] Estudo recente, realizado pelo Artigo 19 e Ponto, mostrou que a situação, mesmo em regiões mais desenvolvidas do país, ainda é precária. A pesquisa avaliou a transparência de órgãos de segurança pública no estado de São Paulo, com base na Lei de Acesso a Informações. As perguntas realizadas pelos autores do estudo eram direcionadas à polícia militar, à secretaria de administração penitenciária e à fundação Casa. Demandavam informações sobre operações policiais, punição de agentes, entre outras. Quase todas as respostas foram negadas sem fundamentações adequadas. Cf. "Informação Encarcerada: A Blindagem de Dados na Segurança Pública de São Paulo". Disponível em: https://ponte.org/wp-content/uploads/2015/12/Estudo-Informa%C3%A7%C3%A3o-Encarcerada-A-Blindagem-de-Dados-na-Seguran%C3%A7a-P%C3%BAblica-de-S%C3%A3o-Paulo.pdf. Acesso em 11.02.2019.

[79] Cf. BRASIL. Lei n. 3.329, de 28 de dez. 1999. Cria o Instituto de Segurança Pública – ISP do Estado do Rio de Janeiro. Disponível em: http://alerjln1.alerj.rj.gov.br/contlei.nsf/f25edae7e64db53b032564fe005262ef/2dedd8139d7525f30325685700520cdf?OpenDocument. Acesso em 11.02.2019.

Os dados apenas nos auxiliam a "ver" um retrato da realidade, mas não nos dizem nada sobre causa ou efeito, ou sobre o porquê algo deu certo ou errado, e qual seria o melhor caminho para sua solução. É dizer: são apenas dados, não conhecimento. Para que sejam convertidos em conhecimento, precisam ser estudados por uma "ciência da segurança pública" capaz de entender os desdobramentos das políticas públicas adotadas nos entes federativos, explicar o porquê dos sucessos e fracassos no setor e, assim, tornar possível a replicação das boas práticas e a cessação das ruins.

Na experiência comparada a ciência das políticas públicas tem avançado com algum vigor. Apenas para citar alguns exemplos, nos Estados Unidos, "laboratórios" de segurança pública intensivos em evidências têm orientado a ação da Academia de Polícia Nacional. Na "ciência da educação", cientistas reconhecidos têm sido recrutados para liderar pesquisas empíricas que orientam o funcionamento do setor.[80] Na Inglaterra, a escola de formação de gestores escolares também realiza pesquisas sobre o que funciona ou não funciona no setor, contribuindo também com repasse de conhecimento aplicado.

No Brasil, também existem iniciativas valiosas. Na saúde brasileira, por exemplo, a Fundação Oswaldo Cruz ("FIOCRUZ") contribuiu, ao longo de anos, para organizar e avaliar experiências que informam o avanço do setor no país.[81] Na educação, a academia crescentemente se envolve na qualificação dos dados educacionais, como estudos recentes da Fundação Getúlio Vargas ilustram.[82]

Não há caminho único para colocar em marcha uma "ciência da segurança pública" nacional. Uma opção é criar caminho centralizado: criar uma instituição, no centro do governo federal, responsável por

---

[80] Para informações sobre Carl Wieman, prêmio Nobel de Física em 2001, cf. https://profiles.stanford.edu/carl-wieman.

[81] Para histórico da ação da FIOCRUZ na saúde, cf. https://portal.fiocruz.br/historia.

[82] Para informação recente, cf. CRUZ, Tassia. "Recomendações para Políticas Públicas Baseadas em Evidências na Área de Educação no Brasil". *In:* V Colóquio de Pesquisa Aplicada da Fundação Getúlio Vargas, 21 de agosto de 2019.

liderar e coordenar a realização de estudos sobre as políticas de segurança nacional. A Medida Provisória n. 821, de 2018, que cria o Ministério de Segurança Pública, também previu a criação, a partir de desmembramento do Instituto de Pesquisa Econômica e Aplicada ("IPEA"), do Instituto Nacional de Estudos sobre a Segurança Pública ("INESP"). No Congresso, a proposta de desmembramento do IPEA não prosperou. Outro caminho seria o próprio IPEA assumir essa atribuição. Uma das vantagens seria o fato de não estar diretamente subordinado ao Ministério da Segurança Pública e, por isso, menos suscetível a influências indesejadas.

Alternativa promissora seria constituir no Brasil uma rede nacional de pesquisa sobre segurança pública, integrada por universidades públicas e privadas, assim como por representantes da sociedade civil organizada, coordenada por um núcleo central. Esse arranjo teria a vantagem de abrigar estudos variados, eventualmente com posições contrastantes, ambas bem-vindas no debate público. A descentralização também tenderia a estimular, em cada estado, o desenvolvimento de uma cultura científica qualificada e participativa nas deliberações locais sobre aprimoramentos na segurança pública.

1.4 Financiamento

Outro pilar decisivo para estruturar novo paradigma de segurança pública é o financiamento das atividades no setor.

Na segurança, dificilmente se avança sem investimento. É forte a pressão para aumentar os recursos e assegurar sua destinação apropriada para viabilizar ações de cada estado. Especialistas[83] apontam que, apesar dos esforços recentes na criação do SUSP e do Plano Nacional de Segurança Pública e Defesa Social ("PNSPDS"), não se identificou

---

[83] Cf. FÁBIO, André Cabette. "O projeto do SUS da Segurança Pública e suas limitações". *Nexo Jornal*, 27 mai. 2018. Disponível em: https://www.nexojornal.com.br/expresso/2018/05/27/O-projeto-do-'SUS-da-Segurança-Pública'-e-suas-limitações. Acesso em 11.02.2019.

objetivamente quais seriam as fontes de recursos a integrar o Fundo Nacional de Segurança Pública. Enquanto essa questão não é endereçada, surgem propostas de como deverá ser repartido o Fundo Nacional de Segurança Pública ("FNSP"). Os repasses do FNSP, segundo a lei,[84] deveriam levar em conta os critérios socioeconômicos, populacionais e geográficos.

Com a aprovação da Lei 13.675/18 que criou o SUSP, surge também a possibilidade de repasses de segurança pública "fundo a fundo". Esses repasses consistem em deslocar recursos de um ente federado para outro, normalmente da União para os Estados e Municípios. É o que ocorre na área da saúde, por exemplo, em que as regras para repasse desses recursos e o respectivo controle são estabelecidas pelo Decreto n. 1.232, de 30/8/1994, e regulados pela Portaria GM/MS n. 204, de 29/1/2007 e pela Portaria 3.992, de 28/12/2017.[85]

Organizar a comunicação de recursos entre os entes federados sinaliza uma opção por um federalismo cooperativo no âmbito do financiamento da segurança pública. Concretizar esse objetivo, no entanto, exigirá critérios claros e objetivos para a redistribuição, para que os repasses de recursos ocorram com base em critérios de necessidade e qualidade, e não com base em preferências políticas.

1.5 O sistema em funcionamento

As bases centrais do federalismo cooperativo, no plano vertical, conectariam a performance efetiva do sistema, a geração e produção de conhecimento e o controle público do regime.

---

[84] Cf. art. 17 da Lei n. 13.675/18. Regulamento disciplinará os critérios de aplicação de recursos do Fundo Nacional de Segurança Pública (FNSP) e do Fundo Penitenciário Nacional (Funpen), respeitando-se a atribuição constitucional dos órgãos que integram o SUSPS, os aspectos geográficos, populacionais e socioeconômicos dos entes federados, bem como o estabelecimento de metas e resultados a serem alcançados.

[85] Sobre o tema, cf. Fórum Brasileiro de Segurança Pública. Nota Técnica Pacto federativo e financiamento da segurança pública no Brasil. Disponível em: http://www.forumseguranca.org.br/storage/publicacoes/lote_02_2016_12_12/FBSP_Pacto_federativo_financiamento_seguranca_publica_brasil_2014.pdf. Acesso em 11.02.2019.

PARTE II - CAPÍTULO I - EIXO 1: COOPERAÇÃO VERTICAL

Em um primeiro plano, com metas e métricas claras, os agentes públicos e a sociedade conseguiriam aferir o funcionamento do sistema de segurança. Estamos evoluindo ou não? Qual município ou estado tem conseguido boas respostas no combate ao crime? Onde estão as áreas mais críticas?

O regime também seria capaz de avançar na produção de "porquês". Já que temos um mapa de calor das regiões mais exitosas e mais problemáticas, também podemos concentrar o esforço intelectual e político para levantar e testar hipóteses. Qual a razão do sucesso? A polícia desenvolveu nova forma de ação em zonas de alta criminalidade, o município aumentou investimento social em áreas carentes, ou o judiciário está agindo de forma mais célere? De forma análoga, abriríamos o campo para refletir sobre as características e razões de regiões marcadas por taxas mais elevadas de criminalidade: o efetivo policial é muito reduzido naquele local, ou não há inteligência, ou há muita desconfiança das autoridades?

A comparabilidade entre territórios e porquês ajudaria o país a refletir sobre os arranjos vigentes e os desafios para o aprimoramento gradual e constante dos modelos de segurança em cada circunstância particular. Combater a criminalidade em favelas dominadas pelo tráfico é diferente de combater o crime em município pobre no interior do Nordeste, em que brigas entre adolescentes acabam em mortes, que é muito diferente de combater a criminalidade na Amazônia, o tráfico organizado nos presídios e as milícias que dominam partes importantes do Rio de Janeiro.

A transparência asseguraria a visibilidade dos referenciais de sucesso, bem como o conhecimento dos referenciais de fracasso. Destampada a realidade para o juízo político, intelectual e prático, a pressão exercida pelos distintos mecanismos de controle ajudaria a inovação e a qualificação do regime. A eleição daria o primeiro passo: nenhum político gostaria de ocupar as últimas posições do ranking de violência nacional. Organizações da sociedade civil e a academia fariam o segundo controle: o escrutínio social viria com o contraste entre modelos, avaliação de dados e questionamento ou referendo de cada modelo. A mídia e a população em geral completariam o processo.

Capítulo II
EIXO 2: COOPERAÇÃO HORIZONTAL

A segunda forma de cooperação federativa se dá no plano horizontal, entre os entes federados – Estado-Estado, Município-Município – e/ou entre os órgãos da segurança e da Justiça no país – polícia, Ministério Público, Judiciário e presídios, principalmente.

A geografia do crime possui grande vantagem sobre a geografia federativa e organizacional. O agente público, antes de agir, observa o território para demarcar sua ação: os policiais e recursos, em geral, surgem comprometidos, na partida, com um órgão ou unidade da federação. A criminalidade, por sua vez, não segue os mesmos limites de competência; com frequência, escondem-se entre as fronteiras locais.

É por isso, inclusive, que a prestação efetiva da segurança pública precisa superar o "isolacionismo" entre os órgãos e entes federados. Em seu lugar deve nascer um regime mais flexível e cooperativo, capaz de estimular mutirões de esforços e recursos, capazes de compensar, com novos arranjos, a vantagem que a geografia hoje oferece ao crime.

2.1 Polícia-Polícia

A cooperação horizontal deve começar criando canais de cooperação entre as polícias.

Hoje há pouquíssima interação entre as polícias dentro de um estado ou entre estados distintos. A única polícia que tem competência para exercer suas atividades em todo o território nacional é a federal; as demais estão limitadas à circunscrição dos estados. A descoordenação de lado a lado costuma gerar enorme desconfiança e atrito entre as organizações, conforme pontua especialista da área de segurança pública:[86]

> As polícias não trabalham juntas, não gostam de trabalhar juntas e não querem trabalhar juntas. Elas competem entre si, observou a diretora do Fórum de Segurança Pública. A verdade é que cada um está muito preocupado com a defesa dos próprios corporativismos e acabam esquecendo que eles precisam trabalhar de maneira integrada pela população.

Como estruturar a cooperação entre as polícias?

Experiências de integração policial têm avançado nos estados nos últimos anos.

Embora inicial, um exemplo promissor de cooperação provém do Rio Grande do Sul. Em 2017 o Estado implantou – e desde então coordena, por meio da Secretaria de Segurança Pública – o Sistema de Segurança Integrada com os Municípios ("SIM/RS"). O SIM/RS é uma plataforma abrangente que aprofunda o intercâmbio entre as ações levadas a cabo por distintas esferas de governo,[87] aprimorando o funcionamento geral das polícias e da segurança pública. Um dos seus desdobramentos é a ampliação de trocas de informações. 297 municípios já aderiram ao programa até o momento.

No dia 28 de junho de 2018, por exemplo, os municípios de Sapiranga, Bento Gonçalves e Rio Grande celebraram convênio com o

---

[86] Cf. MENDONÇA, Renata. "Está na hora de mudar a estrutura da polícia brasileira?". *BBC Brasil*, São Paulo, 11 fev. 2017. Disponível em: https://www.bbc.com/portuguese/brasil-38895293. Acesso em 11.02.2019.

[87] Cf. art. 2º, III do Decreto 53.506/2017, do Estado do Rio Grande do Sul, que institui o SIM/RS. Disponível em: https://ssp.rs.gov.br/upload/arquivos/201708/25162517-decreto-53-506-sim-rs-06-04-17.pdf

Estado do Rio Grande do Sul para ter acesso ao Sistema de Consultas Integras (CSI) do estado. Ao mesmo tempo, os municípios permitem o acesso de autoridades do Estado aos dados do Imposto Predial e Territorial Urbana (IPTU) e do cadastro de alvarás, ambos sob o domínio municipal.[88]

A política torna possível o compartilhamento de dados e experiências entre os agentes da segurança pública das duas esferas e permite a criação de protocolo para atuação conjunta ou separada. Trata-se de medida simples e pontual, mas que pode abrir as portas para novas iniciativas de cooperação mais aprofundadas. O crime não consulta as fronteiras antes de se realizar ou exaurir. A investigação e combate tampouco deve ser obstruída por divisões de competência ou particularidades ideológicas.

Uma das experiências mais significativas de reorganização das polícias ocorreu durante preparativos para a Copa do Mundo.[89] Inspirado em experiência internacional, o governo federal criou, na sede da Polícia Federal e vinculado ao Ministério da Justiça,[90] o Centro Integrado de Comando e Controle Nacional ("CCICN"). O CCICN seria o "coração de uma estrutura distribuída pelas 12 cidades-sede"[91] do país, com a

---

[88] Para mais informações, cf. SILVA, Cleiton. "Convênios ampliam a parceria entre Segurança Pública e municípios do interior". *Secretaria da Segurança Pública*, 28 jun. 2018. https://ssp.rs.gov.br/convenios-ampliam-a-parceria-entre-seguranca-publica-e-municipios-do-interior

[89] Além dos casos analisados neste estudo, outros estados também instituíram Centros Integrados de Comando e Controle, integrando polícia militar, civil e federal, corpo de bombeiros e defesa civil. Para mais informações, cf. MENA, Fernanda. "Faltam meios científicos e integração, sobra violência". *Folha de São Paulo*, São Paulo, 20 abr. 2018. Disponível em: https://temas.folha.uol.com.br/e-agora-brasil-seguranca-publica/policia/faltam-meios-cientificos-e-integracao-sobra-violencia.shtml. Acesso em: 11.02.2019.

[90] Para mais informações, cf. Ministério da Justiça. Integração e cooperação são legados dos grandes eventos no Brasil. Disponível em: http://www.justica.gov.br/news/integracao-e-cooperacao-sao-legados-dos-grandes-eventos-no-brasil/28421930060_4875330898_z.jpg/view. Acesso em 11.02.2019. Cf. também: http://www.brasil.gov.br/noticias/seguranca-e-justica/2014/05/centro-integrado-de-comando-e-controle-coordena-seguranca-durante-a-copa. Acesso em 11.02.2019.

[91] Nota: http://www.brasil.gov.br/noticias/seguranca-e-justica/2014/05/centro-integrado-de-comando-e-controle-coordena-seguranca-durante-a-copa.

função de coordenar e acompanhar as ações de segurança durante a Copa do Mundo. Em cada capital, um Centro Integrado de Controle Regional ("CICR") foi estruturado.

Qual a situação dos CCIR desde então? Vários estados desmontaram seu CCIR desde o fim da Copa do Mundo. No Rio de Janeiro, São Paulo e Paraná, ele continua em operação.

No Rio de Janeiro, o Centro Integrado de Comando e Controle ("CICC") começou a operar em 2014.[92] O centro conta com 4 mil câmeras de vigilância e um corpo técnico de cerca de 1.200 pessoas. No CICC, além da integração entre polícias civil e militar, há também participação da polícia rodoviária federal, guarda municipal, entre outras organizações que atuam nas áreas de defesa e seguridade social.

No Paraná, CICCR foi criado em 2014,[93] e, além de um sistema de monitoramento com duas mil câmeras, conta com profissionais da polícia militar, polícia civil, guarda municipal, bombeiros e departamento penitenciário.

No caso de São Paulo, o CICCR, também criado em 2014,[94] inclui profissionais das polícias civil e militar, e profissionais vinculados à secretaria de administração penitenciária, saúde, energia, transportes, defesa civil, entre outras.

A vocação original dos CCIR deveria ser aprimorada para que, além de permitirem a "coordenação e integração" das forças de segurança

---

[92] Cf. Decreto 44.698/2014 do Estado do Rio de Janeiro, que institui o Centro Integrado de Comando e Controle, no âmbito da Secretaria de Estado de Segurança. Disponível em: http://www.silep.planejamento.rj.gov.br/decreto_44_698_-_02042014_-_in.htm. Para mais informações, cf. também http://www.rj.gov.br/web/imprensa/exibeconteudo?article-id=5253839.

[93] Para mais informações sobre o Centro Integrado de Comando e Controle Regional, no âmbito da Secretaria da Segurança Pública e Administração Penitenciária do Paraná, cf. http://www.seguranca.pr.gov.br/modules/conteudo/conteudo.php?conteudo=104.

[94] Cf. Decreto 60.640/2014 do Estado de São Paulo, em que o Governador institui o Centro Integrado de Comando e Controle no âmbito da Secretaria de Segurança Pública do Estado de São Paulo. Disponível em: https://www.al.sp.gov.br/repositorio/legislacao/decreto/2014/decreto-60640-11.07.2014.html.

em situações excepcionais, como a gestão de uma crise ou a realização de um evento de grande porte, os CCIR também se convertam em "centro de inteligência e qualificação" do sistema de segurança pública. É dizer, devem ser preparados para atuar na prevenção e na investigação criminal, liderando forças investigativas e realizando perícias. A coordenação de esforços no âmbito dos CCIR pode servir como vetor de qualificação de toda a segurança pública.

2.2 Ministério Público-Polícias

A cooperação deve avançar entre Ministério Público e polícias.

Membros do MP hoje atuam como "coringas" do sistema de segurança. Isso pode ser uma virtude ou um problema – a depender de como a instituição utiliza sua prerrogativa.

Será um problema, se o MP elege os casos prioritários porque são mais "midiáticos" e, por isso, possuem maior potencial de visibilidade e gerar um "impacto cultural". Nestes casos, os promotores e procuradores basicamente investigam, denunciam, informam a sociedade por meio da imprensa e das mídias sociais, e passam a bola adiante. Essa forma de ação ajudou a criar, no imaginário do país, a imagem do "procurador destemido", capaz de enfrentar os grandes "bandidos", frequentemente associados ao Estado. À primeira vista, a boa imagem contribui para o prestígio da instituição como um todo. Mas um dos efeitos dessa forma de ação do MP é também enfraquecer a ação das demais instituições, como a polícia e da própria justiça.

O amplo rol de prerrogativas do MP, por sua vez, poderia ser uma virtude se a instituição assumisse sua vocação de núcleo dinamizador do sistema de segurança. O MP está localizado em posição estratégica na linha de produção da justiça: entre a investigação, o julgamento e a execução da pena. Essa posição privilegiada permite-lhe contribuir para a qualificação do funcionamento de todo o regime. O MP, nesse caso, funcionaria como espécie de lubrificante entre os elos da segurança pública no país.

Isso exigirá, contudo, uma série de medidas complementares para conter o impulso voluntarista do MP. Algumas das medidas que mereceriam atenção são apresentadas abaixo.

a. Aprofundar a coordenação de ações institucionais

O Conselho Nacional do Ministério Público deve exercer efetivo papel de coordenador das ações do MP.

Essa tarefa exige o aprimoramento organizacional da instituição, para agir não como órgão corporativo, interessado em apaziguar os ânimos ou em botar panos quentes sobre os desmandos dos seus quadros, mas como centro de inteligência capaz de fixar diretrizes e metas, monitorar iniciativas e avaliar continuamente o funcionamento do MP no país.

Para cumprir o novo propósito, o CNMP deveria elaborar e fixar periodicamente metas globais para a instituição. Também deveria dirigir seus esforços para estimular a produção e disseminação de parâmetros de qualidade a partir das experiências concretas em curso no país. Sua ação contribuiria também para orientar e viabilizar esforços compartilhados de órgãos distintos para o aprimoramento efetivo da segurança pública nacional.

Em sua atuação, o CNMP deverá enfrentar, com frequência, a tensão entre dois princípios caros ao MP: a *autonomia funcional* de cada promotor ou procurador para atuar em cada caso, e a *unidade organizacional* de seguir orientações comuns.[95] A relação entre esses dois princípios,

---

[95] O MP é mais do que a soma de conjunto de individualidades; é também uma instituição da República, que cumpre um fim constitucional e que precisa agir de forma coordenada com as demais agências e poderes do Estado para que o país combata, de forma efetiva, a criminalidade. Para que aja como organização, e não como bando de soldados atirando a esmo, é necessário amadurecer, na cultura da instituição, ao lado do conceito de autonomia funcional, o conceito de unidade organizacional. Ao longo dos últimos 30 anos, o conceito de liberdade funcional passou a ser tratado como máxima institucional. Foi levado, em vários casos, às últimas consequências, convertendo-se em espécie de licença universal para cada promotor ou procurador fazer o que bem entender, quando bem entender, sobre o que bem entender, independente das consequências de suas ações

contudo, não precisa ser de antagonismo. Pode ser de convergência. O ponto de convergência não pode ser apreendido a partir da leitura abstrata de uma palavra ou dispositivo constitucional, contudo. Deve ser construído por meio da dinâmica real de funcionamento das instituições. Em outros termos, é uma tarefa prática, a se realizar passo a passo.

Há exemplos de como essa reconciliação tem ocorrido, de forma embrionária, no funcionamento das Câmaras de Coordenação e Revisão do Ministério Público Federal (MPF). Entre outras funções, as Câmaras criam uma espécie de "colegiado" para rever decisões tomadas pelos procuradores e, conforme o avanço da experiência, definem parâmetros de interpretação e de ação para os membros da instituição. Não significa que, a partir da decisão da Câmara, a autonomia funcional do membro desapareça. A posição da Câmara, contudo, cria um ônus para a divergência individual, inclusive porque se torna referência para a Justiça.[96]

b. Ajustar incentivos para progressão

O CNMP deveria ainda regulamentar critérios de progressão na carreira por merecimento já previstos no artigo 61 da Lei Orgânica do Ministério Público, para estimular a cooperação institucional.

Segundo esse dispositivo, a definição do merecimento incluirá sua conduta, operosidade, dedicação, presteza e segurança nas manifestações processuais. Veja:

> A Lei Orgânica regulamentará o regime de remoção e promoção dos membros do Ministério Público, observados os seguintes princípios:

---

para a instituição e para o país – salvo os casos mais esdrúxulos. O MP passou a se ver como a encarnação do agente que não erra nunca, mas que, ao contrário, limita-se a agir para corrigir erros dos demais.

[96] Em virada jurisprudencial recente, o STJ acolheu interpretação da Câmara de Revisão sobre importação de sementes de maconha. Cf. Recurso Especial 1.675.709/SP. Disponível em: http://www.mpf.mp.br/pgr/noticias-pgr/stj-acolhe-tese-do-mpf-e-muda-jurisprudencia-sobre-importacao-de-sementes-de-maconha. Acesso em 11.02.2019.

II – apurar-se-á a antiguidade na entrância e o merecimento pela atuação do membro do Ministério Público em toda a carreira, com prevalência de critérios de ordem objetiva levando-se inclusive em conta sua conduta, operosidade e dedicação no exercício do cargo, presteza e segurança nas suas manifestações processuais, o número de vezes que já tenha participado de listas, bem como a frequência e o aproveitamento em cursos oficiais, ou reconhecidos, de aperfeiçoamento".

O sentido de cada um desses "atributos objetivos" estabelecidos pela lei exige construção de sentido institucional, o que ainda não foi feito.

O CNMP poderia cumprir esta tarefa, valorizando, com máxima clareza, dois objetivos primordiais. O primeiro: a valorização do membro comprometido institucionalmente, aqui entendido não como o promotor ou procurador que é amigo do chefe ou do avaliador, mas o que se dedica com afinco para satisfazer conjunto de metas fixadas segundo as prioridades públicas. O segundo: a valorização do membro eficaz. É importante que o MP aprenda a olhar com maus olhos para o promotor de tiro curto, que processa dezenas de indivíduos ao longo de anos, sem obter uma única condenação. A instituição deve abraçar a cultura da efetividade e, sobretudo, dos direitos fundamentais.

Nada disso significa que o promotor ou procurador deve ser proibido de "desviar" das prioridades definidas pelo órgão. Porém, a definição de prioridades é central para o bom funcionamento da instituição e da segurança pública no país como um todo.

Com algum cuidado, é possível definir critérios que permitam aferir a efetividade do promotor com o resultado, e não apenas com o barulho midiático que cria em cada ação, como infelizmente tem se tornado prática rotineira no país.

c. Ajustar critérios de punição

O CNMP também deveria regulamentar critérios de punição para desvio funcional.

Em qualquer democracia, quem tem mais poder também deve ter mais responsabilidade. Não é porque se tem uma arma em mãos que se pode usá-la de qualquer maneira. Quem paga o preço da acusação indevida que arrasa a vida de um indivíduo? Quem deve ser responsável por medidas que arrasam a economia e organização de comunidades inteiras, sob o pretexto de combater um crime?

Em qualquer democracia, todo poder deve ser acompanhado de responsabilização equivalente. Falta ainda ao MP uma avaliação mais profunda dos seus critérios de ação – e de responsabilização dos seus membros. Não basta, para justificar a ação do MP, dizer que a instituição acertou 90% das vezes, se em 10% os tiros resultaram em danos terríveis a inocentes. A barbaridade mora justamente nas exceções – e são elas que precisamos combater com afinco. Os maiores malfeitores, com frequência, são "boas pessoas" 90% do seu tempo.

Se é importante que a instituição valorize os seus protagonistas, também é decisivo que aprenda a punir suas falhas com máximo rigor. Quando a instituição abraça uma postura "solidária" com os pares, minimizando o peso dos seus desvios, sob o pretexto de preservar a imagem da instituição, acaba por dividir com todos os demais membros do MP – e com toda a democracia – o custo das derrapadas de poucos. O preço a pagar não desaparece, mas é apenas transferido para fora, para os outros procuradores, que sempre agiram com rigor e cuidado, para a sociedade, que acreditou na integridade de suas instituições constitucionais.

Quando dentro do MP se forma uma cultura nociva de leniência e corporativismo, lá fora na democracia tende a se formar uma cultura de desconfiança, cinismo e raiva.

d. Superar a opacidade geral do sistema

É necessário superar a opacidade do sistema de segurança pública brasileiro.

Hoje, é muito difícil saber que inquéritos efetivamente se tornam denúncias, quais denúncias resultam em condenação, que condenações são cumpridas – ou quais se interrompem no meio do caminho. Por exemplo, no estado do Rio de Janeiro, um inquérito policial recebe uma numeração (ex. Inquérito Policial n. 123), que ao ser recebido pelo MP recebe outra (MP n. 456), e ainda recebe uma numeração diferente ao chegar ao judiciário (Processo n. 789), caso seja recebida a denúncia.

A solução para o problema não é simples, mas a direção é clara. O país precisa unificar a base de registros – entre polícia, MP, Judiciário e penitenciárias. A uniformidade dos dados é medida básica para estruturar a "comunicação" entre agentes, permitir a rastreabilidade de cada ação pública do início ao fim, permitindo também a gestão integrada das funções. Muito mais fácil também será identificar as disfuncionalidades mais marcantes no regime, permitindo, então, ação de forças-tarefa especializadas no enfrentamento desses casos.

e. Esclarecer competências do MP e da polícia

Também é decisivo, para o país, definir com clareza os critérios de interação entre MP e polícia.

Hoje, prevalece um clima de imensa desconfiança de lado a lado. Para a polícia, cada promotor quer organizar uma mini-delegacia de polícia em seu gabinete. Para o MP, por sua vez, a polícia é burocrática, lenta e incompetente, organizada em torno de procedimentos antiquados que mais atrapalham que ajudam.

O problema da desconfiança recíproca "escalou" recentemente, com a judicialização dos critérios de interação entre os lados.

Tramitam no Supremo Tribunal Federal Ações Diretas de Inconstitucionalidade, propostas em 2009 pela Ordem dos Advogados do Brasil e pela Associação dos Delegados de Polícia do Brasil (ADEPOL), contra a Resolução n. 20/2007, do Conselho Nacional do Ministério Público (CNMP), que disciplina o controle externo da polícia pelo MP.[97] Entre os argumentos, estão o vício de forma da Resolução do

---

[97] A raiz do problema tem dois lados, nenhum deles pode ser compreendido apenas com uma leitura fria da lei. O CNMP, em primeiro lugar, concede a si próprio poderes para controlar de perto o agente policial, subordinando-o às suas prioridades institucionais.

PARTE II - CAPÍTULO II - EIXO 2: COOPERAÇÃO HORIZONTAL

CNMP (usurpação de competência legislativa do Congresso) e a expansão indevida dos poderes do MP para investigar e orientar ação policial.[98] A ADEPOL também argumenta que a Resolução interfere nas garantias, direitos e deveres das polícias, arriscando criar uma verdadeira batalha não apenas entre promotores e policiais, mas entre o MP e o Poder Executivo, a que se subordinam as polícias.[99]

A Resolução n. 20/2007 criou uma mistura de "confusão" e "ameaça" no meio policial. Quem é o "chefe" da polícia: o Poder Executivo ou o MP? Se os dois, a qual promotor ou procurador deve o oficial prestar continência: o que primeiro demandar os seus serviços ou a todos (pois cada um é autônomo no exercício de suas funções)? Se houver distintas interpretações dos promotores sobre prioridades policiais, qual visão deve prevalecer? A polícia, subordinada à "lei" e fiscalizada

---

Para o exercício desta atribuição, o CNMP concede aos promotores e procuradores, entre outros, os seguintes poderes: "realizar visitas ordinárias nos meses de abril ou maio e outubro e novembro e, quando necessárias, a qualquer tempo, visitas extraordinárias"; "examinar autos de inquérito policial... autos de prisão em flagrante ou qualquer outro documento de natureza persecutória", "fiscalizar o cumprimento de mandados de prisão", "verificar as cópias dos boletins de ocorrência ou sindicância que não geraram instauração de Inquérito Policial", "comunicar à autoridade responsável pela repartição ou unidade militar, bem como à respectiva corregedoria ou autoridade superior, para as devidas providências, no caso de constatação de irregularidades no trato de questões relativas à atividade de investigação penal que importem em falta funcional ou disciplinar", "expedir recomendações, visando à melhoria dos serviços policiais, bem como o respeito aos interesses, direitos e bens cuja defesa seja de responsabilidade do Ministério Público", "instaurar procedimento investigatório referente ao ilícito penal ocorrido no exercício da atividade policial", "instaurar procedimento administrativo visando sanar deficiências ou irregularidades detectadas no exercício do controle externo da atividade policial". Para isso, o promotor tem "livre ingresso em estabelecimentos ou unidades policiais civis ou militares... casas prisionais, cadeias públicas ou quaisquer outros estabelecimentos onde se encontrem pessoas custodiadas, detidas ou presas, a qualquer título", bem como "acesso a quaisquer documentos... relativos à atividade policial".

[98] Cf. ADI 4220 contra Resolução 20/2007, do CNMP. Para mais informações, cf. http://www.stf.jus.br/portal/cms/verNoticiaDetalhe.asp?idConteudo=105133

[99] Cf. ADI 4271 contra Resolução 20/2007, do CNMP, e outras normas. Para mais informações, cf. http://www.stf.jus.br/portal/cms/verNoticiaDetalhe.asp?idConteudo=110906

pelo MP, estaria agora "migrando" do guarda-chuva do Poder Executivo para o espaço de controle e ação do MP?

A disputa institucional sobre o controle externo é acompanhada de perto por outra, tão ou mais delicada, resolvida na forma, mas ainda mal deglutida: a demarcação do poder investigativo do MP.

Em resposta a outra ação constitucional protocolada pela Associação dos Delegados de Polícia do Brasil (ADEPOL), o Supremo fixou o entendimento de que o MP é competente para conduzir investigações sem a participação da polícia. A medida, na prática, assegura ao MP competência para seleção do que e como investigar. Sempre que possível, a tendência é que o órgão passe a optar por conduzir as investigações diretamente, ou que tente organizar sua rede de xerifes aliados.

A autonomia investigativa do *Parquet* pode, em alguns casos, facilitar ou acelerar investigações, mas também tende, no médio prazo, a potencializar a desconfiança e afastamento entre as instituições. Ao acentuar a sobreposição de tarefas entre polícia e MP, reforça-se também o drama característico de todo o regime de segurança pública no Brasil: como as "conexões" não funcionam – é dizer, como o sistema não é cooperativo – então se criam sobreposições de um órgão sobre o outro. Se a polícia investiga pouco, é bom que o MP investigue. Se os tribunais não resolvem a contenta em definitivo, é bom que se autorize réu a cumprir pena antes do trânsito em julgado da sentença. Na incapacidade de demarcar limites e fixar critérios sobre a relação entre os órgãos, aposta-se nos puxadinhos processuais, que aprofundam a confusão de tarefas, potencializam a desconfiança e a desordem.

Como substituir a desconfiança pela colaboração entre polícia e MP?

A solução provavelmente advirá de conjunto de passos combinados.

O primeiro é afirmar a competência do Congresso Nacional para definir o escopo do controle externo das polícias e os critérios específicos para sua realização. Ainda que o Supremo reconheça o vício da Resolução

PARTE II - CAPÍTULO II - EIXO 2: COOPERAÇÃO HORIZONTAL

n. 20/2007, o Congresso brasileiro precisará agir e demarcar em pedra os limites da competência investigativa do *Parquet*. Neste procedimento, é importante não perder de vista que o foco prioritário do controle externo deve ser a fiscalização funcional da ação policial, para combater abusos e assegurar a proteção de direitos.

O segundo é delimitar o poder investigativo do *Parquet*. Quem deve ter competência investigativa no Brasil é a polícia, não o Ministério Público. O expansionismo da competência do Ministério Público joga um problema para o futuro – a falta de estrutura investigativa das polícias – e cria outros tão ou mais graves – como a confusão de sua função com a polícia. No momento em que o país luta para assegurar a credibilidade do sistema de Justiça, machucado por uma sequência de abusos cometidos por procuradores e magistrados, prestigiar o valor do critério claro é tarefa muito mais valiosa que privilegiar a qualidade de uma ou outra exceção.

2.3 Ministério Público-Justiça

A relação entre MP e Justiça também precisa se tornar mais cooperativa.

Subsiste hoje uma guerra silenciosa entre os dois lados – não menos intensa do que entre polícia e MP.

De um lado, o voo solo dos magistrados arrisca corromper a autonomia do MP e o papel da Justiça. A tentação da opinião pública modificou o comportamento dos magistrados, estimulando o "ativismo" na produção probatória. Sob o pretexto de buscar a "verdade real", magistrados tendem a assumir liderança crescente em todo o processo. A divisão tradicional de tarefas entre acusação, defesa e juízo é diluída. No lugar do magistrado "convidado de pedra",[100] emerge o magistrado-

---

[100] Cf. BARBOSA MOREIRA, José Carlos. *Temas de direito processual:* nona série. São Paulo: Saraiva, 2007. p. 54. "...para quem não simpatize (...) com a ideia de reduzir o papel do juiz ao de um 'convidado de pedra', o que se impõe é estimular o exercício dos mencionados poderes, proporcionando ao magistrado condições de trabalho capazes

ativista, que relega o promotor e o procurador de Justiça a linha auxiliar – numa espécie de assessoria de produção probatória sempre a postos para antecipar as vontades do superior.

De outro lado, agentes do MP também se jogam no populismo, arriscando comprometer o funcionamento do sistema de justiça. Cientes do peso que a opinião pública exerce sobre o deslinde dos processos, procuradores atuam cada vez mais próximos da imprensa. O midiatismo corrompe o espaço de deliberação judicial. Se o "bom procurador" é aquele que corre contra o ladrão, todos os que criarem qualquer empecilho ao desfecho do romance são moralmente complacentes com o crime. O processo deixa de ser o momento de produção da verdade, para se tornar um meio vulgar de saciar a raiva e a ânsia por vingança da sociedade.

Cedo ou tarde, a reação da Justiça e da sociedade civil a esse tipo de tática de ação do MP advirá. É o que começou a ocorrer, aliás, com reações cada vez mais constantes do Supremo Tribunal Federal – e do próprio Conselho Nacional do Ministério Público – contramanifestações de procuradores que colocam em xeque a moralidade das decisões da Justiça.[101] Também é o que se vê, dia após dia, com os vazamentos de comunicação entre procuradores e magistrados.

Em episódio recente, o Presidente do Supremo Tribunal Federal pediu que a corregedoria do Ministério Público Federal instaurasse procedimento para investigar conduta de procurador da República integrante da Força Tarefa da Lava Jato, que, após decisão por maioria tomada pela Segunda Turma do STF, que desloca casos da Justiça Federal para a Justiça Eleitoral, afirmou:

---

de permitir-lhe atuar com maior intensidade no particular, e acima de tudo promovendo um câmbio de mentalidade: o juiz tem de convencer-se de que podemos e devemos, sempre que necessário, cobrar-lhe maior contribuição na averiguação dos fatos".

[101] Para mais informações, cf. CONJUR. "CNMP vai apurar se Dallagnol cometeu infração ao comentar decisão de ministros". Consultor Jurídico, 17 ago. 2018. Disponível em: https://www.conjur.com.br/2018-ago-17/cnmp-apurar-dallagnol-cometeu-infracao-comentar-ministros. Acesso em 11.02.2019.

PARTE II - CAPÍTULO II - EIXO 2: COOPERAÇÃO HORIZONTAL

> "os três de sempre, que tiram tudo de Curitiba e que mandam tudo para a Justiça Eleitoral e sempre dão habeas corpus, estão sempre formando uma panelinha e que mandam uma mensagem muito forte de leniência a favor da corrupção".[102]

A verdade é que a luta pela conquista da opinião pública, tomada como *proxy* para a verdade, põe em xeque o sistema acusatório e o princípio número um da Justiça: a imparcialidade.

No passado, a imparcialidade era vista como problema de classe. Cada réu tinha direito a ser julgado por árbitro de sua classe social – é dizer, com sua visão de mundo, seus preconceitos e expectativas. Em última análise, nobres deveriam ser julgados pelo Senado.[103] A imparcialidade "subjetiva" do julgador era garantida na seleção dos jurados.

As formas de assegurar a imparcialidade evoluíram desde então. Hoje, assegurar a imparcialidade se tornou, em grande parte, um problema institucional: exige a preservação da divisão de tarefas entre as partes no processo penal. Quem investiga não processa, quem processa não julga, quem julga não investiga nem processa.

A flexibilização das balizas do processo penal para atender a circunstâncias particulares ou para saciar a sede de Justiça das massas parece uma atitude moderna – mais condizente com a complexidade dos riscos e das ameaças organizadas dos novos tempos – mas compromete profundamente a "imparcialidade".

O processo vira uma dinâmica persecutória distorcida: nem se respeita o princípio de classe, que inspirava pensadores como Montesquieu, nem se obedece à divisão objetiva de atribuições do processo penal acusatório.

---

[102] "Inversão de valores: Toffoli manda investigar Dallagnol". *Jornal da Cidade*, 17 ago. 2018. Disponível em https://www.jornaldacidadeonline.com.br/noticias/11061/inversao-de-valores-toffoli-manda-investigar-dallagnol. Acesso em 11.02.2019.

[103] MONTESQUIEU. *O Espírito das Leis*. São Paulo: Martins Fontes, 1993.

O final da estória é antevisto nas primeiras linhas: o réu já foi condenado.

A verdadeira cooperação entre MP e Justiça não pode ser fruto da simpatia eventual de suas lideranças, nem de flexibilizações casuísticas. Deve ser construída em cima de bases institucionais objetivas e claras. Como fazer isso?

Há caminhos diferentes para se atingir tal fim. Examino o conjunto inicial de possíveis medidas promissoras para fomentar a cooperação na base, no meio e no topo do regime.

a. Coordenação na base

Para repactuar a coordenação entre ações do MP e da Justiça na base do regime, na sua relação direta com o cidadão, o país deveria buscar a expansão do rol de competências do tribunal do júri.

A experiência parece muito distante de nossa realidade, mas já foi a regra por muito tempo no país (prevista na Constituição Imperial de 1824 e em regras na primeira metade do século XX). Ao longo do tempo, o campo de ação do Tribunal do Júri foi se comprimindo até se limitar, em nossos dias, ao julgamento de crimes dolosos contra a vida.[104]

A divisão de trabalhos no Tribunal do Júri brasileiro é muito simples: os jurados se manifestavam prioritariamente sobre os fatos, o juiz sobre a lei. Promotoria e defesa disputam as provas e a interpretação dos fatos em condições iguais. Grande parte da divergência e das disputas se daria sobre a realidade – não sobre a norma. A colegialidade popular é que definirá a "verdade material". Esclarecidos os fatos, ao magistrado restaria o papel de dizer o direito.

---

[104] A ideia foi originalmente elaborada por Gustavo H. Braga, para julgamento de políticos. Cf. BRAGA, Gustavo H. "Julgamento de Políticos por Júri Popular". *Estadão*, São Paulo, 18 jun. 2017. Disponível em: https://politica.estadao.com.br/blogs/fausto-macedo/julgamento-de-politicos-por-juri-popular/. Acesso em: 11.02.2019; e Cf. BRAGA, Gustavo H. Julgamento de Políticos por Júri Popular. *Jota*, 22 jun. 2017. Disponível em: https://www.jota.info/opiniao-e-analise/artigos/julgamento-de-politicos-por-juri-popular-22062017 Acesso em: 11.02.2019.

PARTE II - CAPÍTULO II - EIXO 2: COOPERAÇÃO HORIZONTAL

A força deste arranjo está justamente nessa sua simplicidade. Ao atrair a população para dentro da administração da Justiça, aprofunda o elo entre o direito e a comunidade. O ônus de gerir o emaranhado burocrático do processo penal é diminuído e, assim, dúvidas sobre a "justeza" do processo. Ao mesmo tempo, a soberania do júri tende a reduzir o peso do magistrado sobre o resultado do processo. Mesmo nos casos mais sensíveis, como julgamento de políticos, sua "imparcialidade" tenderia a ser preservada. Não é por acaso que essa instituição centenária é utilizada em todo o mundo.

A moral da história é a seguinte: se existe uma enorme preocupação com a realização da "verdade", o caminho não é sacrificar o papel do MP para deixar o magistrado livre para produzir as provas que lhe convém, tampouco jogar para o voluntarismo das massas, no intuito de garantir, pela "política" e de fora para dentro, a legitimidade para a decisão que já foi pré-fixada desde o início. O caminho é restabelecer modelos de julgamento mais capazes de assegurar a imparcialidade processual.

b. Coordenação de ações no topo

O CNJ e o CNMP poderiam trabalhar conjuntamente para a qualificação do regime de segurança. As duas instituições já estão montadas e preparadas para avançar no seu desempenho institucional. O caminho é expandir sua vocação além do controle disciplinar ou da política corporativa. As instituições poderiam se transformar em "centros de inteligência" e dedicar-se permanentemente à fixação de metas, acompanhamento do avanço, análise e compreensão dos desafios estruturais da Justiça. A partir daí, propor, debater e regulamentar ajustes institucionais para aprimorar o funcionamento do sistema de Justiça no país.

As metas poderiam ser fixadas periodicamente e submetidas à ratificação política a cada ciclo de 4 anos. A sabatina congressual periódica serviria para informar a sociedade do funcionamento da Justiça, permitir ao Congresso questionar prioridades e orientações particulares e, sobretudo, criar um sistema de controle democrático sobre a ação do

CNMP e CNJ. A cada novo ciclo, nova oportunidade seria aberta para que os parlamentares e o país escrutinem o funcionamento da Justiça e avaliem seu sucesso ou limitações.

A coordenação entre as duas instituições também poderia contribuir para produzir maior harmonia na aplicação das leis. Os pensadores clássicos da política subestimaram o imenso desafio que a implementação de leis impõe a sociedades democráticas. Ainda quando concordamos com a norma em abstrato, na aplicação do dia a dia, seu significado varia imensamente. Em outras palavras, o significado das normas no parlamento pode – e com grande frequência é – imensamente diferente do seu significado na decisão tomada pelo MP ou pelo magistrado. A legitimidade democrática, portanto, exige mais do que certificar a qualidade de sua origem; é necessário certificar a consistência de sua implementação.

c. Coordenação no meio

A expansão do júri na *base* e a fixação de metas e prioridades no *topo* do regime não eliminam a necessidade de se aprimorar o sistema acusatório, no *meio* do sistema penal.

Não há contradição entre afirmar os *rigores processuais* do sistema acusatório e reconhecer as *flexibilidades de ação* do MP. Dentro dos limites legais, o MP pode e deve agir de forma muito mais eficaz.

Em que área a ação prioritária do MP parece ser mais relevante hoje? Um forte candidato é o controle de legalidade das prisões efetuadas no país. Ao lado da Defensoria Pública, que já organiza mutirões de defensores[105] para análise de processos com o fim de desafogar o sistema penitenciário, o MP poderia unir forças àquela instituição para averiguar a adequação das prisões e garantir o respeito aos direitos individuais.[106]

---

[105] Cf. "Começa em 6 de fevereiro mutirão de defensores em presídios do Amazonas". *DPU*, Amazonas, 01 fev. 2017. Disponível em: http://www.dpu.def.br/noticias-institucional/233-slideshow/35353-comeca-em-6-de-fevereiro-mutirao-de-defensores-publicos-em-presidios-do-amazonas. Acesso em 11.02.2019.

[106] Já há experiências isoladas, como no MPBA, de realização de mutirões com fim de

Um passo nessa direção foi dado pela Comissão do Sistema Prisional, Controle Externo da Atividade Policial e Segurança Pública do CNMP. Em 2010, a Comissão editou a Resolução n. 56,[107] definindo regras para uniformizar as inspeções dos membros do MP nos estabelecimentos penais. Não existem, contudo, relatórios de acompanhamento da medida nem análises sobre eficácia da medida.

d. Restabelecer o celibato democrático da magistratura

Ao longo das últimas décadas, a magistratura tem se misturado com negócios e com a política no Brasil. São comuns as notícias de magistrados que criam empresas para o comércio de cursos e consultorias. A nobreza do *munus* público não é um *extra,* mas aspecto central do negócio. A aproximação entre magistratura e política partidária, com relações de amizade e celebrações midiáticas, também tem criado a imagem de que a Justiça tem lado ideológico na briga política nacional.

Em qualquer democracia avançada do mundo, comércio e política são campos minados para a integridade da Justiça. Um engenheiro à tarde pode ser professor de educação física durante a noite, mas o magistrado durante o dia não deixa de ser magistrado quando deixa o fórum. Quando capta o investimento do banqueiro, quando negocia a contratação de funcionários, quando faz propaganda dos cursos que revende, ou quando manifesta suas opiniões políticas nas mídias sociais, o magistrado não age apenas como um "cidadão" – ele continua um magistrado.

O Estado de Direito exige do magistrado um celibato democrático. Ele se casa com a democracia. Esse celibato custa um preço alto. Cada magistrado deve se portar como referencial de integridade e de imparcialidade perante o público. É para isso que devem se preservar de

---

reconhecimento de paternidade e alteração de registro civil. Para mais informações, cf. https://www.mpba.mp.br/noticia/43479 e https://www.mpba.mp.br/noticia/43110.

[107] Resolução n. 56, de 22 de junho de 2010. Dispõe sobre a uniformização das inspeções em estabelecimentos penais pelos membros do Ministério Público. Disponível em: http://www.cnmp.mp.br/portal/images/Resolucoes/Resolu%C3%A7%C3%A3o-0561.pdf. Acesso em 11.02.2019.

qualquer participação em atividade remunerada ou político-partidária. Justamente para compensar a castidade rígida que a democracia lhe impõe é que a cada magistrado também é concedido um rol extenso de direitos e garantias, incluindo um dos salários mais elevados da República.

Na Justiça, não pode haver meio-termo. Não pode haver juiz meio-político, meio-íntegro, meio-empresário. Ou se é magistrado, ou não se é. Quando o comércio e a política infiltram a magistratura, a instituição deve tomar medidas duras para resolver o problema, pois o que está em xeque não é mais a posição de um ou outro membro da classe. É o regime. Nos clássicos do pensamento político, essa mistura indevida de papéis na República era chamada de corrupção. No clássico de Maquiavel,[108] foi isso o que causou a queda de Roma.

Quem rompeu o compromisso de vida da magistratura para enriquecer ou fazer política deve ser investigado, processado e, se for o caso, aposentado compulsoriamente. O exemplo, diz o ditado popular, deve começar em casa, com quem representa os mais nobres valores República.

2.4 Justiça-Sistema Prisional

A cooperação deve ocorrer também entre a Justiça e as prisões.

O país ainda desconhece informações básicas sobre nossos presos. Em torno de 40% dos presos são provisórios, esquecidos atrás das grades e sem nenhuma condição de se defender – ao mesmo tempo que menos de 10% dos homicídios resultam em condenação. Eis o cenário: a justiça manda para cadeia uma minoria, ao passo que as prisões abrigam um grande contingente que, pela lei, deveria estar solto. O resultado é que as prisões se converteram em grandes escolas de criminalidade; aproveitam-se das injustiças e descalabros para cultivar mais ódio e rancor, a serviço de ameaças cada vez mais sofisticadas e venenosas para o país.

---

[108] MAQUIAVEL, Nicolau. *Discursos sobre a Primeira Década de Tito Lívio*. São Paulo: Martins Fontes, 2007. Análise similar pode ser vista em vários outros clássicos da política, como Locke, Rousseau e Montesquieu.

PARTE II - CAPÍTULO II - EIXO 2: COOPERAÇÃO HORIZONTAL

Não é a relação entre Justiça e penitenciária que causa este problema. Mas são as falhas na comunicação entre os dois campos que autorizam o descalabro sobreviver. A atuação do poder judiciário e o funcionamento das penitenciárias são dois mundos separados. Muitos juízes desconhecem as condições básicas dos presídios para onde mandam os apenados.[109]

A solução do problema começa com uma aproximação entre magistrado e penitenciárias. Por conta própria, alguns juízes visitam as instalações onde os réus cumprem suas penas,[110] mas a necessidade institucional não pode ser fruto da boa vontade individual. Em alguns estados, visitas ao sistema penitenciário são parte da formação do magistrado que acaba de ingressar na carreira.[111] A medida busca conscientizar os magistrados sobre a situação das prisões brasileiras.

O presidente do STF deveria ser o responsável máximo por acompanhar a auditoria do sistema prisional brasileiro. O regimento interno do Supremo não atribui ao presidente papel de fiscalização proativa do sistema penitenciário,[112] mas a ministra Cármen Lúcia, no exercício da Presidência da Corte, tomou uma série de medidas para dar visibilidade ao caos das penitenciárias. A Ministra ainda cobrou celeridade

---

[109] "Juízes brasileiros sistematicamente ignoram leis e procedimentos adotados para diminuir o percentual de presos provisórios. O Conselho Nacional de Justiça precisa examinar melhor essas decisões, e os juízes precisam entender a consequência de suas ações punitivas", afirma a britânica Fiona Macaulay, estudiosa do sistema prisional brasileiro. Para ela, todo juiz deveria ser obrigado a visitar presídios periodicamente". Cf. MENA, Fernanda. "E agora, Brasil?". *Folha de São Paulo*, São Paulo, 28 abr. 2018. Disponível em: http://temas.folha.uol.com.br/e-agora-brasil-seguranca-publica/sistema-prisional/nao-basta-construir-presidios-e-preciso-prender-com-criterio.shtml

[110] Cf. Agência Brasil. "Juiz visita presídio no estado do Rio para analisar situação carcerária." Disponível em: http://agenciabrasil.ebc.com.br/geral/noticia/2017-01/juiz-visita-presidio-para-analisar-situacao-carceraria-local. Acesso em 11.02.2019.

[111] Cf. A experiência da Superintendência do Sistema Penitenciário do Pará. Novos juízes de comarcas do interior visitam presídio feminino. Disponível em: http://www.susipe.pa.gov.br/noticias/novos-ju%C3%ADzes-de-comarcas-do-interior-visitam-pres%C3%ADdio-feminino.

[112] Sobre atribuições do Presidente do Supremo, cf. art. 13 do Regimento Interno Supremo Tribunal Federal.

do sistema judicial nos casos de presos provisórios[113] e, em suas manifestações, afirmou que o poder judiciário teria grande responsabilidade na resolução da questão penitenciária no país:[114]

> Queria mais uma vez dizer, como presidente do CNJ, que o Poder Judiciário quer resolver a parte que lhe cabe nessa competência [sobre a crise do sistema prisional] [...]. Sabemos que é importante que a gente se transforme para atender uma demanda, que é uma demanda importante, não é uma demanda de hoje, mas é hoje que estamos na posição de administradores desse problema.

Os direitos fundamentais são limitados nas prisões e, por isso mesmo, a situação dos presos deveria merecer mais alta atenção no país. Uma maneira de institucionalizar o compromisso do Judiciário com o sistema prisional, aprimorando a comunicação entre as pontas da Justiça, é incluir a fiscalização permanente das instituições prisionais entre o rol de atribuições do Presidente do Supremo Tribunal Federal.

2.5 Penitenciária-Comunidade

O ciclo de "isolacionismo" se completa: ao sair da penitenciária, o detento encontra uma sociedade totalmente fechada à sua reinserção. Por óbvio, é da natureza da pena o afastamento do preso do convívio social. Mas a condenação, na prática, acaba se convertendo a uma condenação à morte da vida comunitária. O preso dificilmente encontrará, do lado de fora da prisão, as condições para se reerguer, construir ou reconstruir uma família, encontrar emprego, participar da vida comunitária, como qualquer cidadão.

---

[113] Cf. "Ministra Cármen Lúcia visita Acre e discute sistema penitenciário local". *Notícias do STF*, 20 jul. 2018. Disponível em: http://www.stf.jus.br/portal/cms/verNoticiaDetalhe.asp?idConteudo=384465. Acesso em 11.02.2019.

[114] Cf. COSTA, Flávio. "Judiciário deve resolver a parte que lhe cabe na crise prisional, diz Cármen Lúcia". *UOL*, Goiânia, 08 jan. 2018. Disponível em: https://noticias.uol.com.br/cotidiano/ultimas-noticias/2018/01/08/judiciario-deve-resolver-a-parte-que-lhe-cabe-na-crise-prisional-diz-carmen-lucia.htm. Acesso em 11.02.2019.

PARTE II - CAPÍTULO II - EIXO 2: COOPERAÇÃO HORIZONTAL

Abandonado de todos os lados, as únicas portas que se abrirão à sua volta serão aquelas controladas por velhos conhecidos do crime. Forçado a escolher entre a miséria e o abandono, de um lado, ou o acesso a recursos pela via do crime, do outro, a solução forçosa costuma ser a reincidência, agora com predisposição à violência e com sofisticação aumentados, após anos de convivência com criminosos nas penitenciárias.

O desafio da reinserção do preso não é particularidade brasileira. O mundo luta para encontrar caminhos efetivos para contornar o problema. Algumas das soluções promissoras ainda são precárias – como o *social impact bond* testado no Reino Unido – [115] e não é certo de que seriam factíveis em nosso país. O valor inquestionável da iniciativa, contudo, é mostrar que a redução da reincidência requer a colaboração com a sociedade civil e com o mercado. Pois é lá, no meio deles, que o preso deve se reconstruir após deixar a prisão.

Uma tentativa de lidar com o problema no Brasil foi a instituição da Política Nacional de Trabalho no âmbito do Sistema Prisional, por meio do Decreto 9.450/18.[116] Reconhecendo a dificuldade da reinserção do egresso do sistema prisional no mercado de trabalho, a política visa a ampliar a oferta de trabalho para esses indivíduos, obrigando empresas que contratem com a administração pública na esfera da União a obedecer percentual mínimo[117] de mão-de-obra de "pessoas presas ou egressos do

---

[115] No Reino Unido, foi desenvolvido um *Social Impact Bond* para agir sobre a reincidência penal. Mais informações: https://www.rand.org/randeurope/research/projects/social-impact-bonds.html

[116] BRASIL. Decreto n. 9.450, de 24 de jul. 18. Institui a Política Nacional de Trabalho no âmbito do Sistema Prisional. Disponível em: http://www.planalto.gov.br/ccivil_03/_ato2015-2018/2018/decreto/D9450.htm. Acesso em 11.02.2019.

[117] Decreto n. 9.450/2018, art. 6º: para efeito do disposto no art. 5º, a empresa deverá contratar, para cada contrato que firmar, pessoas presas, em cumprimento de pena em regime fechado, semiaberto ou aberto, ou egressas do sistema prisional, nas seguintes proporções: I – três por cento das vagas, quando a execução do contrato demandar duzentos ou menos funcionários; II – quatro por cento das vagas, quando a execução do contrato demandar duzentos e um a quinhentos funcionários; III – cinco por cento das vagas, quando a execução do contrato demandar quinhentos e um a mil funcionários; ou IV – seis por cento das vagas, quando a execução do contrato demandar mais de mil empregados. Disponível em: http://www.planalto.gov.br/ccivil_03/_ato2015-2018/2018/decreto/D9450.htm. Acesso em 11.02.2019.

sistema prisional".[118] O Ministro da Segurança Pública explicou a finalidade da nova política[119] nos seguintes termos:

> Essa política é fundamental porque cria condições para presos e egressos contarem com possibilidade real de ressocialização [...]. Se não implementarmos um trabalho como esse, a facção criminosa estará sempre criando relação de dependência com os presos. Se não criarmos alternativas, quem vai assistir esses jovens são as facções.

Outra iniciativa que nasce da sociedade civil e chama atenção pela diferença do sistema penal tradicional é a Associação de Proteção e Assistência aos Condenados ("APAC"). A APAC é uma associação sem fins lucrativos que utiliza metodologia própria, que envolve a sociedade e o preso no processo de recuperação. Por se tratar de iniciativa de grupo de denominação cristã, as instituições geridas pela APAC vinculam o cuidado com os presos com a conscientização religiosa. A APAC chama a atenção porque todas as atividades são geridas por voluntários ou pelos próprios presos. A taxa de reincidência dos indivíduos que passam por suas fileiras é muito baixa: 8,62% (dado de 2009).[120] O potencial de escala da inciativa, contudo, é limitado.[121]

---

[118] Decreto 9.450/2018, art. 5º: Na contratação de serviços, inclusive os de engenharia, com valor anual acima de R$ 330.000,00 (trezentos e trinta mil reais), os órgãos e entidades da administração pública federal direta, autárquica e fundacional deverão exigir da contratada o emprego de mão de obra formada por pessoas presas ou egressos do sistema prisional, nos termos disposto no § 5º do art. 40 da Lei n. 8.666, de 21 de junho de 1993.

[119] LINDNER, Julia; MONTEIRO, Tânia. "Decreto cria cotas para presos e ex-presidiários em empresas contratadas pela União". *Estadão*, São Paulo, 24 jul. 2018. Disponível em: https://brasil.estadao.com.br/noticias/geral,decreto-cria-cotas-para-presos-e-ex-presidiarios-em-empresas-contratadas-pela-uniao,70002414101. Acesso em 11.02.2019.

[120] FARIA, Ana Paula. "APAC: Um Modelo de Humanização do Sistema Penitenciário". *In:* Âmbito Jurídico.com.br. Disponível em: http://www.ambito-juridico.com.br/site/index.php?n_link=revista_artigos_leitura&artigo_id=9296. Acesso em 11.02.2019.

[121] Para visão crítica das APACs, cf. Pastoral Carcerária. "Não há nada de novo nos massacres". Disponível em: http://www.pom.org.br/nao-ha-nada-de-novo-nos-massacres-diz-assessor-da-pastoral-carceraria/. Acesso em 11.02.2019.

Capítulo III
EIXO 3: COOPERAÇÃO TRANSVERSAL

O terceiro eixo de cooperação diz respeito à cooperação entre distintos setores do estado e da sociedade para construir as precondições do Estado e da sociedade funcionais: a soberania, a solidariedade e a isonomia.

O foco central, neste caso, é atacar a antecâmara da violência: um conjunto de fatores estruturais que antecedem e conformam o ambiente de criminalidade no país. Sem soberania, o Estado perde controle do seu próprio território. Sem solidariedade, a sociedade civil se torna refém da violência, do abandono e do caos. Sem isonomia racial, tudo o mais o que se fizer na sociedade é profundamente contaminado.

É preciso organizar a relação entre *segurança pública e soberania nacional*. Não pode haver dúvida sobre a autoridade do Estado Nacional no seu território. No vácuo de autoridade do Estado Nacional, floresce o crime organizado, que cria suas redes próprias de influência e poder, e, no limite, põe em xeque toda a autoridade pública. É o caso das milícias, do tráfico e das organizações criminosas nos presídios. Combatê-las é reafirmar que, em solo brasileiro, que impera um Estado e um direito único, digno da sua autoridade e do respeito público.

É preciso organizar a relação entre *segurança pública e solidariedade comunitária*. Fortalecer os laços cívicos nos bairros e municípios brasileiros é decisivo para combater o crime comum e quebrar a espiral de criminalidade que começa com recrutamento de crianças e jovens. A criminalidade comum avança apressadamente em ambientes de família e comunidades desestruturadas. Combater o crime, portanto, deve também passar pela coordenação entre segurança, agentes sociais e organizações comunitárias, incluindo as igrejas, cujo apoio a indivíduos e comunidades carentes no Brasil tem sido inestimável.

Por fim, atravessando tudo o mais que fizermos em segurança pública, é fundamental, em um país grande e desigual como o Brasil, bater de frente com o *racismo institucionalizado*. Não se pode dar um único passo em segurança pública no país sem colocar, em primeiro plano, o compromisso nacional com o fim da violência contra os negros e pardos. Ou isso – ou tudo o mais que fizermos na segurança pública arrisca ser visto como mero disfarce para ocultar a chacina oficial.

Cada um desses desafios exige uma forma de ação significativamente diversa.

Combater o crime organizado exige a ação do Estado de cima para baixo, a começar pelo envolvimento das Forças Armadas e da Polícia Federal, com inteligência especial –inclusive a ABIN – e cooperação internacional.

Combater o crime comum exige a ação do Estado de baixo para cima, partindo das municipalidades e das organizações religiosas, em especial católicas e evangélicas, que, com frequência, são as únicas instituições de "justiça" que competem com os grupos violentos em boa parte do Brasil.

Combater o crime racial, por sua vez, exige o envolvimento do país todo – de todas as frentes do Estado, da academia, da sociedade civil, da mídia – mas especialmente fora para dentro, com a sociedade se mobilizando para cobrar, controlar e combater o câncer racial que nos acompanha há séculos.

Detalho cada um dos tópicos e sugiro caminhos promissores de ação.

PARTE II - CAPÍTULO III - EIXO 3: COOPERAÇÃO TRANSVERSAL

3.1 Segurança e soberania

O crime organizado se espalhou pelo Brasil no último meio século. As duas formas de organização mais influentes são as *facções criminosas*, em especial nos presídios e no tráfico nas periferias de grandes cidades, e as *milícias*. Ambos frutificam no deserto de autoridade do Estado. Sua origem, estrutura e forma de ação, contudo, é diversa, assim como deve ser a ação do Estado em seu combate.

a. Facções criminosas

A origem das facções criminosas mais violentas do país é o sistema prisional.

Surgiram como mecanismo de proteção aos presos – contra estupros, agressões dos agentes carcerários e de outros presos, e cobranças de "pedágios" dentro das prisões. O serviço imediato logo se converte em investimento. Na volta à rua, antigos detentos se tornam financiadores da organização, contribuindo com 10% dos rendimentos para os colegas ainda encarcerados.[122] Assaltos a banco, sequestros e tráfico conferem nova complexidade às facções, projetando seus negócios nacional e internacionalmente.[123] Com o tempo, vão se conectando às periferias

---

[122] LIMA, William da Silva. *400x1*: uma História do Comando Vermelho. 2ª ed. Rio de Janeiro: ANF Produções, p.52.

[123] "Assim, surgiram no Brasil dois comércios muito distintos de cocaína. Um era o mercado atacadista, que se concentrava em trazer a cada ano muitas toneladas da droga refinada ao país, por avião e em caminhões, com dois destinos diferentes: Santos, o maior porto do Brasil, que atende a São Paulo e ao Sudeste, e Paramaribo, capital do Suriname, ex-colônia holandesa cujos governantes militares pós independência estavam entre os mais corruptos do mundo. Desses dois pontos, a cocaína era embarcada em navios com destino à costa atlântica da Espanha ou a Rotterdam. [...] Isso não diminui o dinamismo do mercado interno, pois o Brasil se tornou o principal país de trânsito para alimentar o consumo de cocaína na Europa, em veloz crescimento. Os atacadistas na verdade desempenhavam um papel importante no fornecimento às favelas do Rio, de São Paulo e de outros grandes centros. Mas essa era também uma oportunidade para pequenos fornecedores, que transportavam quantidades significativas de pasta ou pó numa mochila e simplesmente pegavam o ônibus até o Rio, onde tinham lucros gordos e certos." (GLENNY, Misha. *O dono do morro*: um homem e a batalha pelo Rio. São Paulo: Companhia das Letras, 2016, pp. 44-45).

urbanas, onde se integram à vida da comunidade, criando, com frequência, um miniestado paralelo: garantem a segurança na região, auxiliam na solução de conflitos, realizam empréstimos, financiam serviços de saúde etc.[124] Tais ações legitimam sua ação na coletividade.

No Rio de Janeiro, cerca de 90% das comunidades chegaram a "pertencer" ao Comando Vermelho.[125] Hoje, facções rivais,[126] como o Terceiro Comando Puro e o Amigo dos Amigos, que surgiram da divisão de antigos parceiros, compartilham o *modus operandi* e disputam hegemonia territorial. O Comando Vermelho também está presente em todo o país, diretamente ou em parcerias com facções em outros estados.

Fora do estado do Rio de Janeiro, o grupo disputa hegemonia com outra organização criminosa, oriunda do estado de São Paulo, o Primeiro Comando da Capital (PCC).[127] A histórica do PCC é similar: de meio de proteção dos presos, converte-se em megaempreendimento criminoso com laços nacionais e internacionais. O PCC possui inclusive estatuto, que fixa sua estrutura e exige lealdade e respeito: "o comando não admite acomodações e fraqueza diante da nossa causa".[128] A pena para traição à organização? O "extermínio".

---

[124] "Tal como ele, Lulu entendia que, como Dono do Morro, devia criar um círculo virtuoso que assegurasse o sustento da favela, devolvendo parte dos lucros à comunidade e criando um clima de crescimento econômico. Era uma estratégia comercial consciente. 'Sou um empresário', dizia ele. 'Não quero guerra, porque guerra é ruim para os negócios.'" (GLENNY, Misha. *O dono do morro*: um homem e a batalha pelo Rio. São Paulo: Companhia das Letras, 2015, p. 80).

[125] AMORIM, Carlos. *Comando Vermelho:* A história secreta do crime organizado. São Paulo: Record, 1993.

[126] "No começo, o conflito se dava entre traficantes e policiais. Então aconteceu algo singular no Rio que não ocorreu em nenhum outro lugar do Brasil: desencadeou-se uma guerra implacável entre os próprios traficantes, uma guerra que transformou a Rocinha, até então uma comunidade pobre mas pacífica, aninhada no majestoso cenário da Mata Atlântica, num turbilhão de morte e miséria" (GLENNY, Misha. *O dono do morro:* um homem e a batalha pelo Rio. São Paulo: Companhia das Letras, 2016, p. 61).

[127] BIONTI, Karina. "Relações Políticas e Termos Criminosos: O PCC e uma Teoria do Irmão-Rede". *Teoria & Sociedade* (UFMG), vol.15, 2007.

[128] Cf. AFFONSO, Júlia; SERAPIÃO, Fábio; MACEDO, Fausto. "O 'código de ética' da facção que arranca coração". *Estadão*, São Paulo, 08 jan. 2017. Disponível em: https://politica.estadao.com.br/blogs/fausto-macedo/o-codigo-de-etica-da-faccao-que- arranca-coracao. Acesso em 11.02.2019.

PARTE II - CAPÍTULO III - EIXO 3: COOPERAÇÃO TRANSVERSAL

O gráfico abaixo apresenta as principais facções por estado brasileiro:[129]

Fonte: Sistema de Inteligência Brasileira. Elaboração: Fórum Brasileiro de Segurança Pública, 2018.[130]

---

[129] BIONTI, Karina. "Relações Políticas e Termos Criminosos: O PCC e uma Teoria do Irmão-Rede". *Teoria & Sociedade* (UFMG), v.15, 2007, p. 4.

[130] Fórum Brasileiro de Segurança Pública. Anuário Brasileiro de Segurança Pública: 2014 a 2019. Disponível em: http://www.forumseguranca.org.br/wp-content/uploads/2018/09/FBSP_ABSP_edicao_especial_estados_faccoes_2018.pdf. Acesso em 11.02.2019.

Disputas entre as facções são causa de grandes chacinas nos presídios. Em 2017, foram 56 mortos em Manaus,[131] 33 em Roraima[132] e 26 no Rio Grande do Norte[133] num intervalo inferior a um mês. No presídio de Pedrinhas, no Maranhão, decapitações e canibalismo são quase uma frequente.[134] Organizações internacionais sistematicamente condenam o Estado brasileiro por sua incapacidade de garantir a segurança dos presos.[135]

Passos iniciais foram dados para combater as facções criminosas.

A Lei n. 11.671/08[136] autorizou a criação de penitenciárias federais de segurança máxima,[137] geridas pela União, para abrigar presos de alta periculosidade.[138] A permanência de presos nesses estabelecimentos, contudo, é medida excepcional e temporária (360 dias, renováveis).

---

[131] ALESSI, Gil. "Massacre em presídio em Manaus deixa 56 detentos mortos". *El País*. 02 jan. 2017. Disponível em: https://brasil.elpais.com/brasil/2017/01/02/politica/1483358892_477027.html. Acesso em 11.02.2019.

[132] HENRIQUES, Camila; GONÇALVES, Suelen; SEVERIANO, Adneison. "Chega a 33 o número de mortos em penitenciária de Roraima". *G1*, 07 de jan. 2017. Disponível em: http://g1.globo.com/jornal-nacional/noticia/2017/01/chega-33-o-numero-de-mortos-em-penitenciaria-de-roraima.html. Acesso em 11.02.2019.

[133] DINIZ, Mariana. "Autoridades confirmam 26 mortes durante motim em presídio do Rio Grande do Norte". *Agencia Brasil*. Disponível em: http://agenciabrasil.ebc.com.br/geral/noticia/2017-01/autoridades-confirmam-26-mortes-durante-motim-em-presidio-do-rio-grande-do. Acesso em 11.02.2019.

[134] *UOL*. "Presos filmam decapitados em penitenciária no Maranhão". Disponível em: https://www.bol.uol.com.br/noticias/2014/01/07/presos-filmam-decapitados-em-penitenciaria-no-maranhao-imagens-sao-fortes.htm. Acesso em 11.02.2019.

[135] Cf., por exemplo, Resolução da Corte Interamericana de Direitos Humanos de 21 de setembro de 2005 contra a República Federativa do Brasil. Disponível em: http://www.corteidh.or.cr/docs/medidas/urso_se_05_portugues.pdf. Acesso em 11.02.2019.

[136] BRASIL. Lei n. 11.671, de 8 de maio de 2008. Dispõe sobre a transferência e inclusão de presos em estabelecimentos penais federais de segurança máxima e dá outras providências. Disponível em: http://www.planalto.gov.br/ccivil_03/_Ato2007-2010/2008/Lei/L11671.htm. Acesso em 11.02.2019.

137 Os presídios de segurança máxima (ainda) não são superlotados como os estaduais, inclusive por determinação legal. Cf. o art. 11 da Lei n. 11.671/08 (art. 11. A lotação máxima do estabelecimento penal federal de segurança máxima não será ultrapassada).

[138] Ministério da Justiça. Como funciona um presídio federal. Disponível em: http://www.justica.gov.br/news/entenda-como-funciona-um-presidio-federal. Acesso em 11.02.2019.

PARTE II - CAPÍTULO III - EIXO 3: COOPERAÇÃO TRANSVERSAL

Recentemente, o Ministério da Justiça anunciou um pacote anticrime que, entre outras medidas destinadas a ampliar o poder de ação das polícias, do MP e da Justiça no combate ao crime, propõe a ampliação do escopo das associações criminosas, para incluir as associações que "se valham da violência ou da força de intimidação do vínculo associativo para adquirir, de modo direto ou indireto, o controle sobre a atividade criminal ou sobre a atividade econômica, como o Primeiro Comando da Capital, Comando Vermelho, Família do Norte, Terceiro Comando Puro, Amigo dos Amigos, Milícias".

O combate ao crime organizado, contudo, não será bem-sucedido sem que se avancem outros três conjuntos de medidas, pelo menos. Primeiro, a organização de aparato de inteligência preparado, que inclua ação qualificada da Polícia Federal e, em especial, da Agência Brasileira de Inteligência (ABIN). Segundo, é decisivo quebrar a alimentação financeira destas organizações, mapeando e cortando os canais de fluxo financeiro dessas organizações, dentro e fora do Brasil. Os Ministérios da Justiça e Fazenda têm papel prioritário aqui. Terceiro, as Forças Armadas deverão entrar em cena sempre que a soberania territorial esteja em xeque, especialmente na fiscalização e eventual combate ao tráfico nas fronteiras.

Por fim, será necessário considerar a regulação do regime de intervenção federal no Brasil. Em situações como o Rio de Janeiro, a captura da política e das estruturas administrativas e fiscalizatórias do Estado por grupos criminosos inviabilizou a capacidade de reação nacional. O Rio de Janeiro se converteu em um *bunker* do crime organizado, que hoje ameaça corromper o restante do país. Para operar neste cenário calamitoso, é necessário criar novos regimes de ação do governo federal. Também é necessário, neste ambiente, criar novos mecanismos de ação, que flexibilizem os padrões tradicionais do regime de pessoal, compras e controle, sem, contudo, abrir mão do compromisso com os direitos básicos das populações mais carentes.

b. Milícias

As milícias surgem em meados da década de 1970, com a criação dos chamados "esquadrões da morte".[139] Esses grupos, integrados por agentes e ex-agentes de segurança pública (policiais civis e militares, bombeiros, agentes penitenciários) avocam para si a responsabilidade de fazer justiça com as próprias mãos. Logo criam redes de influência e domínio territorial e, para preservar a comunidade da violência e do tráfico, começam a cobrar "pedágios", em forma de serviços para a população – TV a cabo, gás, transporte irregular, entre outros.

O conceito de milícias sequer é consenso entre as autoridades.[140] De maneira mais estruturada, Ignácio Cano propõe que se caracterizam por:[141]

> 1. controle de um território e da população que nele habita por parte de um grupo armado irregular;
> 2. o caráter coativo desse controle;
> 3. o ânimo de lucro individual como motivação central;
> 4. um discurso de legitimação referido à proteção dos moradores e à instauração de uma ordem;
> 5. a participação ativa e reconhecida dos agentes do Estado.

As milícias misturam-se, na origem, com a corrupção. Policiais, treinados para a segurança, complementam sua renda com venda de serviços paralelos. Um simples passo e as milícias começam a financiar campanhas eleitorais para vereadores, deputados e senadores, aprofundando os laços de apoio e proteção recíprocos.[142] Como destacou

---

[139] ALVES, José Cláudio Souza. *Dos barões ao extermínio:* uma história de violência na Baixada Fluminense. Duque de Caxias: APPH-CLIO, 2003.

[140] "Nas oitivas realizadas pela CPI das Milícias ao longo dos meses de junho a novembro, estudiosos, profissionais de Segurança, delegados e membros do Ministério Público não foram unânimes quanto a uma definição do termo" (Relatório da CPI n. 433/2008, p. 34).

[141] BRASIL. Relatório da Comissão Parlamentar de Inquérito n. 433, de 14 de novembro 2008, p. 36. Relatório final da Comissão Parlamentar de Inquérito destinada a investigar a ação de milícias no âmbito do estado do Rio de Janeiro. Disponível em: http://www.nepp-dh.ufrj.br/relatorio_milicia.pdf. Acesso em 11.02.2019.

[142] VIANNA, Luiz Fernando. "Milícias do Rio são os inimigos em 'Elite da Tropa 2'". *Folha de São Paulo*, São Paulo, 2 out. 2019. Disponível em: https://www1.folha.uol.com.br/fsp/ilustrad/fq0210201019.htm. Acesso em 12.02.2019.

PARTE II - CAPÍTULO III - EIXO 3: COOPERAÇÃO TRANSVERSAL

Luiz Eduardo Soares, "A grana da milícia vai financiar o poder de um político [...] e o poder político de um [...] vai favorecer o ganho de dinheiro do miliciano".[143]

Na ausência de um Estado organizado, as populações mais pobres do Rio de Janeiro ficam espremidas entre o tráfico e as milícias que, em alguns casos, brigam entre si pelo domínio territorial. Embora sejam mais conhecidas no território fluminense, as milícias não são exclusividade dessa região e podem ser encontrados em ao menos 15 outros estados brasileiros, conforme apontam denúncias apreendidas pela Ouvidoria Nacional dos Direitos Humanos entre 2016 e 2017.

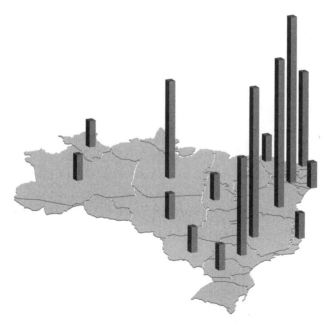

Fonte: Ouvidoria Nacional dos Direitos Humanos. Elaboração: Cícero Lopes/metrópoles.com[144]

---

[143] SIMÕES, Mariana. "No Rio de Janeiro a milícia não é um poder paralelo. É o próprio Estado". *Exame Online*, 31 jan. 2019. Disponível em: https://exame.abril.com.br/brasil/no-rio-de-janeiro-a-milicia-nao-e-um-poder-paralelo-e-o-estado/. Acesso em 12.02.2019.

[144] COSTA, Liana. "Não é só no Rio. Milícias estão em 15 estados de norte a sul do Brasil". *Metrópoles*, 01 mai. 2018. Disponível em: https://www.metropoles.com/materias-especiais/nao-e-so-no-rio-milicias-estao-em-15-estados-de-norte-a-sul-do-brasil. Acesso em 12.02.2019.

O gráfico indica o número de denúncias contra ação de milícias. Pernambuco é o estado com o maior número de denúncias (9), seguido de Bahia e Minas Gerais (8), e Rio Grande do Norte (5). Cada estado tem suas peculiaridades, mas, em geral, nessas localidades as milícias tendem a se organizar como "esquadrão da morte", "eliminando" indivíduos socialmente indesejáveis.

É no Rio de Janeiro que as milícias possuem atuação mais sofisticada e abrangente. Estima-se que cerca que 88 grupos milicianos atuam no estado.[145] Na Comissão Parlamentar de Inquérito (CPI) n. 433/2008, instaurada na Assembleia Legislativa do Estado do Rio de Janeiro e presidida pelo então Deputado Estadual Marcelo Freixo (PSOL/RJ), investigou-se a atuação dessas organizações. A CPI assumiu a pauta após a tortura e repressão a diversos jornalistas que se prontificaram a investigar o tema.[146] Um dos grandes méritos desta CPI foi chamar a atenção do país para a ameaça das milícias. Contudo, o país avançou pouco no seu combate.

Proposições apresentadas na CPI n. 433/08 defendem o aprimoramento das instâncias de controle: (i) criação de corregedoria externa à Secretaria de Segurança Pública[147]; (ii) fortalecimento do controle interno; (iii) criação de câmara de repressão ao crime organizado; (iv) implementação de ouvidorias independentes e conselhos comunitários. Ao mesmo tempo, a CPI defende a melhoria da prestação

---

[145] FÁBIO, André Cabette. "O que são e como atuam as milícias do Rio de Janeiro". *Nexo Jornal*, 10 abr. 2018. Disponível em: https://www.nexojornal.com.br/expresso/2018/04/10/O-que-s%C3%A3o-e-como-atuam-as-mil%C3%ADcias-do-Rio-de-Janeiro. Acesso em 12.02.2019.

[146] "No dia 14 de maio de 2008, jornalistas de O Dia que tentavam produzir matérias sobre o tema são barbaramente torturados por milicianos. O fato gera uma comoção pública e repercute em toda a mídia nacional e internacional, reacendendo o interesse pelo tema. A Assembleia Legislativa do Estado do Rio de Janeiro, sensível a esse clamor popular, aprova a criação da CPI das Milícias." (Relatório da CPI n. 433/2008, p. 34)

[147] No Ceará, já foi criado órgão com essa natureza: a Controladoria Geral de Disciplina dos Órgãos de Segurança Pública e Sistema Penitenciário. Para mais informações, cf. https://www.ceara.gov.br/organograma/cgd/. Acesso em 12.02.2019.

dos serviços públicos atendidos pelas milícias, incluindo a legalização do transporte alternativo; maior fiscalização – pela ANP e pelo Corpo de Bombeiros – dos revendedores de gás natural, negociação com prestadores de serviços – por exemplo, de TV por assinatura – para oferta de pacotes mais acessíveis à população, inibindo a compra de planos das milícias, entre outros.[148]

O combate às milícias, no fundo, aproxima-se do combate à corrupção estrutural no país. A Lei n. 12.720/2012 inseriu no Código Penal novo tipo e cláusula de aumento de pena para coibir a ação das milícias.[149] No Rio de Janeiro, onde sua ação se alastrou, é vital reafirmar a autoridade do Estado sobre o território por elas dominado. Também é importante valorizar a carreira policial, com aumento salarial e planos de aperfeiçoamento e formação continuada.[150 e 151]

3.2 Segurança e assistência

Enquanto o crime organizado se espalha no vazio do Estado, o crime comum se dissemina no vácuo de coesão comunitária. Com frequência, aliás, o crime organizado é adversário do crime comum,

---

[148] BRASIL. Relatório da Comissão Parlamentar de Inquérito n. 433, de 14 de nov. 2008, pp. 270-271. Relatório final da Comissão Parlamentar de Inquérito destinada a investigar a ação de milícias no âmbito do estado do Rio de Janeiro. Disponível em: http://www.nepp-dh.ufrj.br/relatorio_milicia.pdf. Acesso em 12.02.2019.

[149] Art. 1º da Lei n. 12.720, de 27.9.2012, que altera o art. 121 do Código Penal, para inserir cláusula de aumento de pena para crime praticado por milícia privada, e o art. 288-A, para tipificar crime de milícia privada.

[150] "Portanto, Soares acredita que não é possível efetivamente tratar das instituições de segurança pública sem enfrentar o ponto decisivo do orçamento público, que remete ao padrão salarial dos policiais e envolve, necessariamente, reavaliações políticas a respeito das relevâncias e das prioridades". (Relatório da CPI n. 433/2008, p. 40).

[151] "Implementação legal e efetiva de plano de carreira e salários, que permitam aos policiais e demais profissionais de segurança pública, que vivem sob os mais concretos riscos de vida e de stress, possam, de fato e efetivamente, se dedicar, exclusivamente, à profissão, com dignidade sócio-familiar; aperfeiçoamento permanente do processo de seleção e formação dos profissionais de segurança pública em parceria, prioritária, com universidades públicas." (Relatório da CPI n. 433/2008, p. 266).

quando organizações criminosas se legitimam perante a comunidade prestando segurança. A coesão comunitária, por sua vez, explica como países e regiões mais pobres, em que que a religião e laços familiares são mais sólidos, podem ser bem menos violentas. Também explica como os avanços em educação e saúde, em municípios como Sobral, são insuficientes para conter o avanço da criminalidade.

No Brasil, em regra, os laços de coesão comunitária são frágeis e voláteis – o que abre um terreno fértil para o crime comum na base social do país. Para superar o problema, a cooperação entre segurança e assistência social, na ponta do território, é decisiva para conter o crime, em especial entre os jovens em situações de risco, e fomentar novos laços de solidariedade local.

Essa tarefa cria um papel especial para os municípios na segurança pública. Embora a Constituição de 1988 trate a segurança pública como matéria eminentemente estadual e federal, é o município que, cada vez mais, tem papel relevante na prevenção do crime. O exemplo da cidade de Sobral ilustra o problema e o caminho da solução.

O município obteve, ao longo dos anos, avanços importantes na educação e saúde. A cidade, contudo, ainda convive com alto índice de homicídios entre jovens. Com apoio da Assembleia Legislativa do Estado do Ceará e organizações da sociedade civil, foram realizados estudos[152] sobre homicídios, em que se buscavam identificar os padrões de referência para caracterizar criminosos e vítimas. A expectativa de lideranças estaduais é que o aumento da base de informações permita às lideranças predefinir zonas de risco e, assim, começar a direcionar a ação estatal para reduzir os índices de violência na cidade. Estas medidas são valiosas especialmente para apurar a sensibilidade do gestor público e da sociedade para enxergar os riscos nas entrelinhas de problemas sociais aparentemente mais simples.

---

[152] Comitê Cearense pela Prevenção de Homicídios na Adolescência. Cada Vida Importa – Evidências e recomendações para prevenção de homicídios na adolescência. Assembleia Legislativa do Ceará, 2016. Disponível em: https://www.al.ce.gov.br/index.php/component/phocadownload/category/1-pdf?download=498:cada-vida-importa. Acesso em 12.02.2019.

PARTE II - CAPÍTULO III - EIXO 3: COOPERAÇÃO TRANSVERSAL

O caso do menino Antônio[153] exemplifica a tarefa.

Após a morte violenta do jovem, lideranças municipais de Sobral organizaram reuniões para compreender contexto do assassinato. Em reunião com autoridades de distintos órgãos da cidade, havia registro de que Antônio, ao longo do último semestre, havia visitado posto de saúde com hematoma, mas o problema parecia simples e o jovem foi liberado; havia abandonado a escola, apesar de esforços de dissuadi-lo desta decisão; contou com atendimento da assistência social, assim como várias outras famílias e jovens no município. Para cada uma destas autoridades, o problema de Antônio parecia "mais um". Quando se combinam as circunstâncias, contudo, o resultado é um homicídio bárbaro. A educação, a saúde e a assistência interpretam o problema de Antônio como problema simples. Cada uma das autoridades envolvidas no caso, contudo, é incapaz de enxergar a verdadeira ameaça.

A inteligência na mobilização dos dados pode nos ajudar a compreender meandros da realidade social ignoradas pela divisão de competências entre instituições. Cruzamentos de informações revelam padrões de comportamento na antessala do crime. O mais marcante, entre eles, talvez seja a combinação de miséria com evasão escolar. Quando uma criança que provém de família humilde e depende da assistência social deixa a escola, sabemos que a chance de "debandar" para o crime é mais elevada. Naturalmente, é importante o cuidado na construção dos grupos de risco, para não construir ou reforçar estereótipos.

Outra experiência valiosa provém de Caruaru, município no interior de Pernambuco.

A cidade criou em 2017 (Decreto n. 251-2017) o Comitê Permanente Municipal Juntos pela Segurança ("CPMJS"), constituído por membros de diversas secretarias e órgãos municipais, tais como Secretaria de Ordem Pública, Secretaria de Desenvolvimento Social e Direitos Humanos, Secretaria de Educação, Secretaria de Saúde, Secretaria de Urbanismo e Obras, Secretaria de Serviços Públicos,

---

[153] Nome fictício, para preservar a identidade da vítima.

Fundação de Cultura e Turismo, entre outros. Com a nova política, Caruaru espera orquestrar conjunto de políticas sociais com o intuito de "evitar" a violência. Além da coordenação dentro do município, o CPMJS também prevê a articulação com o Poder Judiciário de Pernambuco, com o Ministério Público, com a Polícia Federal, Civil e Militar, bem como com a Fundação de Atendimento Socioeducativo e da Secretaria Executiva de Ressocialização do Estado de Pernambuco. A expectativa do município é que o trabalho próximo a outros entes federativos contribua para melhores índices de segurança pública.

Tradicionalmente, assistência social foi tratada no país como um setor subsidiário do Estado. O que não era educação, segurança e economia era "relegado" à assistência. Seu papel, por assim dizer, consistia em atender aqueles que ficavam de fora das demais políticas. Hoje, sabemos que a assistência é muito mais do que isso. Serve como elo frequente de ligação entre os setores. Assim como é o município é o abrigo comum entre as políticas públicas dos distintos entes federados, a assistência é a abrigo comum entre as distintas políticas sociais, em sentido amplo. Por meio dela, o município ganha papel estratégico no combate à violência e na promoção do desenvolvimento individual e comunitário.

A criação do Sistema Único de Assistência Social (SUAS) foi passo valioso na estruturação da assistência social no interior do país. Falta-nos, contudo, agentes comunitários com poderes mais amplos para intervir na estrutura local, requisitar serviços e entregá-los na ponta. Se necessário, deve o país considerar a flexibilização do regime administrativo, para permitir a coordenação de ações variadas na ponta do território. O sucesso destas medidas, aliás, depende de uma ação próxima às organizações comunitárias mais influentes no interior do país, como as igrejas e as famílias.

3.3 Segurança e racismo

A terceira dimensão da cooperação transversal no Brasil exige o combate, por todos os meios possíveis, à "cor" da violência no país.

O Brasil é um país envenenado por séculos de escravidão. A abolição da escravatura, pela Lei Áurea, cura a superfície formal do regime jurídico. Na realidade, contudo, as raízes da escravidão continuam vivas entre nós, como inúmeros clássicos do pensamento brasileiro do século XIX[154] ao XXI,[155] insistem em nos revelar.

O problema, que vai além da segurança pública, nela encontra sua face mais estridente: a violência canalizada contra negros e pardos. Ser negro pode fazer toda a diferença entre ir para a prisão ou não, viver ou não no Brasil. Morar na favela no Rio de Janeiro, onde a maioria das pessoas é negra ou parda, é considerado agravante para condenação por tráfico de drogas.[156] A cor da pele define se o porte de entorpecentes será para uso próprio ou para tráfico, e essa discricionariedade lota penitenciárias brasileiras.[157] A cor da pele explica o extermínio de jovens negros no país.

Nesse ambiente, não é apenas a diferença ideológica ou os interesses econômicos que dividem as pessoas na sociedade. É o próprio direito, como interpretado e aplicado pelo Estado. Não deve surpreender que o negro tenha medo de tiroteios[158] e conflitos armados, medo dos brancos, medo de "ser vítima de violência das polícias, ser

---

[154] NABUCO, Joaquim. *O Abolicionismo*. São Paulo: Publifolha, 2000.

[155] SOUZA, Jessé. *A Elite do Atraso*: da Escravidão à Lava Jato. São Paulo: Leya, 2017.

[156] LEMOS, Amanda; CASTRO, Daniel; PORTINARI, Natália. "Morar em favela do Rio é agravante em condenação por tráfico de drogas". *Folha de São Paulo*, Rio de Janeiro, abr. 2018. Disponível em: https://www1.folha.uol.com.br/cotidiano/2018/04/morar-em-favela-do-rio-e-agravante-em-condenacao-por-trafico-de-drogas.shtml. Acesso em 12.02.2019.

[157] A título de exemplo, em São Paulo, embora as taxas de homicídio sigam em queda, a letalidade policial cresce continuamente, seguindo o mesmo perfil nacional: jovens, negros e homens. Cf. MENA, Fernanda. "Polícia mata mais homens, negros e jovens no estado de São Paulo. *Folha de São Paulo*, São Paulo, mai. 2018. Disponível em: https://www1.folha.uol.com.br/cotidiano/2018/05/policia-mata-mais-homens-negros-e-jovens-no-estado-de-sao-paulo.shtml. Acesso em 12.02.2019.

[158] Cf. FRANCO, Luiza; BARBON, Julia. "1 em cada 3 moradores do Rio afirma já ter ficado no meio de confrontos a tiros". *Folha de São Paulo,* São Paulo, abr. 2018. Disponível em: https://www1.folha.uol.com.br/cotidiano/2018/04/1-em-cada-3-moradores-do-rio-afirma-ja-ter-ficado-no-meio-de-confrontos-a-tiros.shtml. Acesso em 12.02.2019.

acusado de um crime e ter um filho preso injustamente".[159] Enfim, medo da própria Justiça.

> **O exemplo da Anistia Internacional**
>
> Em 2014, a ONG Anistia Internacional lançou a campanha "Jovem Negro Vivo" (JNV), com a intenção de mobilizar a sociedade para o alto índice de homicídios de jovens negros no país. Outra campanha iniciada no país que discute a causa é a "Rio 2016: Violência não faz parte desse jogo", criada para denunciar as violações a direitos humanos nas olimpíadas do Rio de Janeiro cometidas por autoridades policiais, direcionadas a jovens da periferia.
>
> A iniciativa busca engajar e conscientizar a população da constante violação de direitos que vive o jovem negro. Na campanha JNV, foi elaborado manifesto exigindo das autoridades públicas a formulação de políticas integradas de educação, segurança pública, cultura, trabalho, entre outros. Na campanha "Rio 2016", o pedido às autoridades policiais é para menos uso de violência em suas ações. Essas campanhas complementares visaram a endereçar problema especial da população negra.

O racismo está presente na ação da polícia, do MP e da Justiça.

A pesquisa "A aplicação de penas e medidas alternativas no Brasil", organizada pelo Instituto de Pesquisa Econômica Aplicada (IPEA), revela que a propensão do negro ou pardo a receber pena mais elevada que o branco. Segundo o estudo, em varas criminais, 41,9% dos acusados eram brancos, ao passo que 57,6% eram pretos ou pardos. Por sua vez, nos juizados criminais, com crimes de menor potencial ofensivo, 52,6% dos réus eram brancos, e 46,2% negros ou pardos. Nos crimes mais simples, portanto, as distribuições se invertem, o que indica a tendência de brancos serem condenados a penas mais leves.

---

[159] Cf. FRANCO, Luiza; BARBON, Julia. "1 em cada 3 moradores do Rio afirma já ter ficado no meio de confrontos a tiros". Folha de São Paulo, São Paulo, abr. 2018. Disponível em: https://www1.folha.uol.com.br/cotidiano/2018/04/1-em-cada-3-moradores-do-rio-afirma-ja-ter-ficado-no-meio-de-confrontos-a-tiros.shtml. Acesso em 12.02.2019.

Em cada uma das etapas da caça ao crime, é comum o uso de argumentos com potencial discriminatório. Referências a estilo de se vestir, local da cidade em que se vive ou circula são "indícios" de suspeita e criminalidade. O ponto de referência para comprovar a autoria ou materialidade do delito é o senso comum do agente público. Mas é justamente este "senso comum" que revela a base do preconceito: "não é normal fazer churrasco ou frequentar a casa de vizinhos todos os finais de semana". "Não é possível que alguém more em uma área da cidade onde só há prédios comerciais".[160]

Quando a violência assume uma cor, nasce uma obrigação moral prioritária para o Estado e para a sociedade brasileira: tudo o que fizermos em segurança pública deve começar com o olhar sobre a situação dos negros e pardos no Brasil. Cada morte suspeita deve ser tratada como um atentado à democracia. Pois se não for respondida a contento, não se estará destruindo apenas uma vida ou uma família, mas ameaçando a autoridade do regime, construído sobre o ideal de igualdade entre todas as pessoas.

O que fazer? O Brasil e o mundo batalham para encaminhar saídas efetivas para o problema.

Nos Estados Unidos, por exemplo, o problema também é crônico. Negros e latinos são os principais afetados pela violência policial. As propostas de solução para o problema ainda são preliminares. Em regra, o que se busca é promover a conscientização do problema, com apoio a movimentos como *Black Lives Matter*, e lembrança das vítimas, para manter vivos, no imaginário social, o drama racial. Outras medidas pregam a desmilitarização de polícias e descriminalização de condutas simples, como violações de regras de trânsito.

Entre a conscientização e a crítica, de um lado, e a desmilitarização e descriminalização, de outro, ainda há um enorme campo a ser desbravado. Todas as principais academias americanas contam com

---

[160] EUGÊNIO JR, Amauri. "Como a ausência de negros na Justiça tem impacto direto no racismo". *In: Vice*, 2018. Disponível em: https://www.vice.com/pt_br/article/qvq3g5/como-a-ausencia-de-negros-na-justica-tem-impacto-direto-no-racismo. Acesso em 12.02.2019.

intelectuais dedicados a estudar e compreender melhor o desafio, bem como formular caminhos para resolvê-los. Medidas potencialmente relevantes incluem estratégias de treinamento para alertar policiais sobre predisposições raciais e revisão de padrões de autodefesa policial.

A situação na Europa também é séria, embora não se possa comparar com a escala do problema brasileiro.[161] O Parlamento Europeu há alguns anos tem demonstrado preocupação com o racismo policial. As medidas recomendadas incluem o reconhecimento oficial do problema e a criação de canais próprios de reclamação, análise e punição dos crimes:

> Países membros do Conselho da Europa devem ter a coragem de reconhecer e enfrenar o racismo na polícia. Devem constituir mecanismos de reclamação independentes e assegurar que crimes raciais cometidos por oficiais da polícia sejam investigados prontamente e adequadamente punidos, com o intuito de evitar a impunidade, manter a confiança na polícia e encorajar novas denúncias. Países membros devem também rever a legislação e as práticas da polícia com o objetivo de identificar e modificar as que possuam uma conotação racial.[162]

O *special rapporteur* sobre racismo do Conselho de Direitos Humanos da ONU criticou recentemente a polícia no Reino Unido, inclusive pela morte por engano do brasileiro Jean Charles em uma estação de metrô de Londres. A saída? Mais uma vez, processar e julgar rigorosamente os abusos:

> As mortes reforçam o fenômeno do racismo estrutural, abuso policial e criminalização das pessoas de descendência africana e outras minorias no Reino Unido.

---

[161] "Estudo revela que a polícia brasileira mata em 6 dias o que a polícia britânica mata em 25 anos". Cf. *Folha de São Paulo*. Disponível em: https://www1.folha.uol.com.br/paywall/login.shtml?https://www1.folha.uol.com.br/cotidiano/2016/10/1827203-policia-brasileira-mata-em-6-dias-o-mesmo-que-a-britanica-em-25-anos.shtml. Acesso em 12.02.2019.

[162] DAVIES, David. "Rapporteur, Committee on Equality and Non-Discrimination, Parliamentary Assembly". *Council of Europe*, 2014. Disponível em http://www.un.gov.si/fileadmin/un.gov.si/pageuploads/Racism_in_police_-_Report.pdf. Acesso em 12.02.2019. (tradução livre)

> Falhas de investigar e processar essas mortes resultam em falta de accountability dos indivíduos e órgãos do estado competentes, bem como na negação de solução adequada e reparação para as famílias das vítimas.

Nas últimas décadas, os movimentos negros e de direitos humanos aprofundaram suas análises e críticas ao racismo estrutural no Brasil. Denúncias e debates ocorrem aqui e ali, mas a cor das prisões e mortes apenas reitera a resiliência do problema.

Entre mudar as consciências, como tradicionalmente se defende, e mudar a realidade dura, há um caminho do meio a percorrer. Não há tempo para esperar a elevação natural das consciências, nem é suficiente criticar, acusar, negar a ordem e a polícia, sem proposta efetiva para se colocar no lugar. Os estudos dos padrões que conformam a atitude racista são importantes, pois grande parte de sua força reside no desconhecimento. Mas não basta. A arte da política e da transformação social exige mais do que a capacidade de se indignar ou saber o que é o mundo ideal – é necessário eleger as prioridades institucionais e definir os primeiros passos.

Por ora, duas medidas parecem decisivas para conter o ciclo de avanço do racismo estrutural no país.

A primeira é neutralizar o artigo 28 da Lei de Drogas. Segundo este dispositivo cabe ao magistrado dizer, com base em condições sociais e pessoais do agente, quem é traficante (em vez de apenas usuário). Na prática, a cláusula aberta é uma cratera por onde passa o pior do racismo no país: brancos são, com frequência, enquadrados como usuários, ao passo que negros, como traficantes, ainda quando portam quantidades relativamente pequenas de drogas.[163] Nas prisões, o ciclo de profissionalização e mortes de negros se aprofunda.

---

[163] Estudos diversos revelam a tendência discriminatória na aplicação do artigo 28 da Lei de Drogas. Por exemplo, cf. SILVA, Felipe F. G. da. "'Não compre, plante'? A tipificação penal das situações de cultivo de Canábis pelo Tribunal de Justiça de São Paulo". (Dissertação de Mestrado), Fundação Getúlio Vargas – São Paulo. Disponível em http://bibliotecadigital.fgv.br/dspace/handle/10438/16519. Acesso em 12.02.2019; Rede de Justiça Criminal. Pesquisas sobre Prisão Provisória, Fascículo 1 – Perfil do

A segunda medida é criar uma Ouvidoria Nacional das Polícias e do Ministério Público, independente destas instituições, para coordenar investigações contra abusos de policiais, promotores e procuradores. Essa ouvidoria poderia receber denúncias de quaisquer pessoas, assim como os disk-denúncia existentes. O Ouvidor Nacional deveria ser escolhido entre juristas de alta reputação nacional, com mandato fixo e não renovável, e possuir independência funcional. A Ouvidoria teria competência para aplicar sanções aos indivíduos e instituições que falhassem no desempenho de suas funções, incluindo, nos casos mais graves, a determinação de aposentadoria compulsória do agente público.

Preso e Contexto da Prisão. Disponível em: http://www.soudapaz.org/upload/pdf/justi_a_rede_fasciculo1_perfil_preso_11_11_13.pdf Acesso em 12.02.2019; BARBOSA, Renan. "Apresentação compreensiva do problema está disponível em Lei de Drogas: a distinção entre usuário e traficante, o impacto nas prisões e o debate no país". *Jornal Nexo*, 14 jan. 2017. Disponível em: https://www.nexojornal.com.br/explicado/2017/01/14/Lei-de-Drogas-a-distin%C3%A7%C3%A3o-entre-usu%C3%A1rio-e-traficante-o-impacto-nas-pris%C3%B5es-e-o-debate-no-pa%C3%ADs. Acesso em 12.02.2019.

CONCLUSÃO

O que está em jogo, quando estudamos o caos da segurança pública no Brasil, é o futuro da própria democracia brasileira. Não há Estado de Direito capaz de sobreviver por muito tempo em uma sociedade diariamente marcada pela tragédia da violência. O problema se disseminou de tal forma no país que não há solução fácil e imediata.

O ponto de partida é um diagnóstico realista do problema: o isolacionismo institucional das forças de segurança e da Justiça, resultado do desenho constitucional de 1988. Hoje, polícia não fala com polícia, que não fala com promotor ou procurador, que não fala com juiz (a não ser quando não deve), que não fala com presídio, que não fala com ninguém.

O resultado é o recorde de violência em todos os cantos do país. O Brasil mata demais, prende demais, prende quem não deve e deixa solto quem deveria estar atrás das grades. Não se investiga no país. Nunca enfrentamos problemas estruturais. Nunca demos a mínima para as prisões superlotadas. Aprendemos a naturalizar o caos. E agora ele ameaça nos "governar".

Um cenário de guerra como este só sobrevive em uma democracia quando ocultado por diversas visões defeituosas. Em nosso caso, quatro paradigmas orientaram a segurança pública no Brasil nos últimos 30 anos. De um lado, o punitismo, que prega mais pena, mais prisão, mais violência. De outro lado, o vitimismo, que prega menos pena, menos prisão, mais solidariedade. De um lado, o gerencialismo, que prega mais dados e mais pressão. De outro lado, o comunitarismo, que prega mais colaboração entre policiais e comunidades.

O fato fundamental do Brasil, contudo, é justamente a ignorância generalizada: não sabemos como resolver o problema crônico da violência. O que nos falta, portanto, é um paradigma novo, capaz de estimular a colaboração e a descoberta gradual e constante das soluções para os problemas nacionais. O velho jogo de empurra de lado a lado, combinado com shows histriônicos de agentes públicos, deve ser substituído por um exercício duro de planejamento e ação coordenada e inovação institucional.

O ensaio sugere que a construção do paradigma cooperativo deve avançar em três direções.

A primeira é a *cooperação vertical*, entre União, Estados e Municípios. Essa cooperação requer o estabelecimento de estruturas de metas, avaliação, conhecimento e financiamento adequados.

A segunda é a *cooperação horizontal*, entre polícias, MP, magistratura e presídios. Começar organizando a transparência e comunicação entre cada instituição, para, passo a passo, animar no regime novas práticas e inciativas, dentro de um regime nacional coordenado pela União federal.

A terceira é a *cooperação transversal*, entre segurança e assistência e cultura. A reconstrução da segurança não pode ser problema de polícia, mas deve ser tarefa que comprometa todas as áreas do Estado brasileiro. Nos municípios, a assistência social tem papel decisivo.

O combate ao racismo institucional exige ainda o envolvimento e apoio direto de toda a sociedade. Deve ser duro e imediato, para escrutinar os resquícios vivos da cultura de escravidão e para permitir o aprofundamento da democracia no país.

Por fim, este trabalho está longe de oferecer solução definitiva para o drama da violência no Brasil. Nem pretendeu oferecer lista exaustiva de soluções prontas e acabadas. Quis, contudo, fazer o

CONCLUSÃO

mais importante: demarcar um caminho novo, ao mesmo tempo realista e esperançoso.

Para quebrar a incredulidade, em momento de cinismo quase generalizado, a promessa de futuro novo precisa ser apoiada no toque da realidade. As propostas iniciais aqui desenvolvidas sinalizam o rumo da cooperação, do aprendizado, da solidariedade e do amadurecimento nacional.

LISTA DE PROPOSTAS INSTITUCIONAIS

> **COOPERAÇÃO VERTICAL**
> Relação entre a União, os Estados e os Municípios na prestação do serviço de segurança pública.

a) Pactuação de metas nacionais para a segurança pública: é o passo inicial para ativar a busca pelo aprimoramento do regime. As metas devem servir como foco comum para todos os agentes públicos, respeitadas os seus diferentes pontos de partida nas localidades nacionais. Assim, a pactuação servirá para retirar o debate da segurança da abstração em que se encontra.

b) Estrutura de avaliação permanente da segurança pública: a primeira tarefa é ordenar a coleta contínua e detalhada de dados da segurança no país, para que se construa, no âmbito de cada estado, uma estrutura capaz de auxiliar na organização de dados e garantia da transparência.

c) "Ciência da segurança pública": estruturar regime de produção do conhecimento em segurança pública, por meio da produção e análise de dados, capaz de entender os desdobramentos das políticas públicas adotadas nos entes federativos, explicar o porquê dos sucessos e fracassos no setor e, assim, tornar possível a replicação das boas práticas e a interrupção das ruins.

d) Aumento nos investimentos e destinação apropriada: o setor é intensivo em capital. Para realizar melhorias nessa área, é inevitável aumentar os investimentos e assegurar sua destinação apropriada. Organizar a comunicação de recursos entre os entes federados sinaliza uma opção por um federalismo cooperativo também no financiamento da segurança pública.

e) Aferição do funcionamento do sistema: a transparência do regime estimularia a produção e a visibilidade dos referenciais de sucesso (bem como o conhecimento dos referenciais de fracasso).

> ## COOPERAÇÃO HORIZONTAL
> Relação entre os entes federados e/ou entre os órgãos da segurança e da Justiça no país.
>
> ### a) Cooperação entre as polícias
> - *Promover programas de interação* entre polícia civil e militar; além de estimular atividades conjuntas que promovam aproximação e confiança entre policiais.
>
> ### b) Cooperação entre o Ministério Público e as polícias
> - *Superar a opacidade geral do sistema:* unificar a base de registros–entre polícia, MP, Judiciário e penitenciárias. A uniformidade dos dados é medida básica para estruturar a "comunicação" entre agentes, permitir a rastreabilidade de cada ação pública do início ao fim, permitindo também a gestão integrada das funções.
> - *Esclarecer limites das competências do MP e da polícia*: para diluir ou neutralizar o clima de imensa desconfiança entre as duas instituições, é necessário retornar à divisão básica de funções: polícia investiga, MP processa e juiz julga.
> - *Aprofundar a coordenação de ações no MP*: o CNMP deve promover a coordenação das atividades do órgão, harmonizando a relação entre dois princípios caros ao MP: a autonomia funcional de cada promotor ou procurador para atuar em cada caso e a unidade organizacional para seguir orientações comuns.
> - *Definir prioridade comuns entre MP e polícia*: definir prioridades e orquestrar os esforços é condição da Justiça (e não o seu oposto). Essa é uma das lições positivas que se extrai das forças-tarefa de combate ao crime organizado no país e responsáveis pelo desvendamento e prisão de distintas organizações criminosas.
> - *Ajustar incentivos para progressão e para responsabilização*: o CNMP deveria regulamentar critérios objetivos de progressão na carreira por merecimento já previstos no artigo 61 da Lei Orgânica do Ministério Público, bem como de responsabilização rigorosa por falhas.

LISTA DE PROPOSTAS INSTITUCIONAIS

c) Cooperação entre o Ministério Público e a Justiça
- *Coordenar as ações na base (tribunal do júri)*: medida valiosa para repactuar a coordenação entre MP e Justiça é expandir o rol de competências do tribunal do júri no Brasil.
- *Coordenar as ações no topo (CNMP e CNJ)*: o CNMP e o CNJ poderiam trabalhar conjuntamente para a qualificação do regime de segurança no país. As duas instituições já estão montadas e preparadas para avançar no seu desempenho institucional. A tarefa é expandir sua vocação além do controle disciplinar ou da política corporativa.
- *Coordenar as ações no meio (sistema acusatório)*: o passo inicial é restabelecer a separação rigorosa de atribuições entre MP e da Justiça. Só assim será possível garantir a confiança de lado a lado, e a garantia dos réus de que não serão presas fáceis de uma opinião pública ansiosa por "sangue".
- *Restabelecer o celibato cívico ou democrático da magistratura*: cada magistrado deve se portar como referencial de "integridade" e de "imparcialidade" perante o público. Para isso, devem se preservar de qualquer participação em atividade remunerada ou político-partidária.

d) Cooperação entre a Justiça e o sistema prisional
- *Aproximação entre magistratura e penitenciárias:* o Presidente do STF deve assumir a responsabilidade de acompanhar a auditoria periódica das prisões no país; cursos de formação de magistrados devem incluir a visitação a presídios.

e) Cooperação entre penitenciária e comunidade
- *Reinserção social do preso:* o *social impact bond* consiste em instrumento financeiro que mobiliza investimento público e privado, além da ação da sociedade civil, para reduzir a recidividade criminal; promover aproximação entre organizações comunitárias e religiosas e os presos, para estimular manutenção de laços familiares e facilitar reinserção social após cumprimento da pena.

COOPERAÇÃO TRANSVERSAL

Relação entre segurança pública e outros setores que influenciam, de forma decisiva, o combate ao crime organizado e comum.

a) Segurança & defesa
- *Cooperação para reafirmar integridade territorial*: a intercessão entre segurança e defesa nacional é decisiva para combater o domínio territorial de grupos milicianos e traficantes, proteção das fronteiras, bem como auxiliar com inteligência no combate ao crime.

b) Segurança & desenvolvimento social
- *Assistência social preventiva*: a cooperação da segurança com a assistência social é decisiva para prevenir o crime, em especial entre os jovens em situações de risco. Essa tarefa cria um papel especial para os municípios na segurança pública.

c) Segurança & cultura
- *Criação de uma Ouvidoria Nacional* para coordenar investigações contra abusos policiais: a cor da violência cria uma obrigação moral para o Estado e para a sociedade brasileira: tudo o que fizermos em segurança pública deve começar com o olhar sobre a situação do negro. A Ouvidoria teria competência para aplicar sanções aos indivíduos e instituições que falhassem no desempenho de suas funções.

REFERÊNCIAS BIBLIOGRÁFICAS

AGÊNCIA BRASIL. "Pesquisa mostra aumento da percepção de violência urbana". Brasília, 18 fev. 2014. Disponível em: http://agenciabrasil.ebc.com.br/geral/noticia/2014-02/pesquisa-cnt. Acesso em 08.02.2019.

ALESSI, Gil. "Massacre em presídio em Manaus deixa 56 detentos mortos". *El País,* São Paulo, 02 jan. 2017. Disponível em: https://brasil.elpais.com/brasil/2017/01/02/politica/1483358892_477027.html. Acesso em 11.02.2019.

ALESSI, GIL. "Bancada da bala pega carona na intervenção federal no Rio para facilitar acesso a armas". *El país,* Brasil, 26 fev. 2018. Disponível em: https://brasil.elpais.com/brasil/2018/02/22/politica/1519317972_483707.html. Acesso em 08.02.2019.

ALVES, José Cláudio Souza. *Dos barões ao extermínio*: uma história de violência na Baixada Fluminense. Duque de Caxias: APPH-CLIO, 2003.

AMORIM, Carlos. *Comando Vermelho*: a história secreta do crime organizado. São Paulo: Record, 1993.

ATLAS DA VIOLÊNCIA 2018. Disponível em: http://www.ipea.gov.br/portal/images/stories/PDFs/relatorio_institucional/180604_atlas_da_violencia_2018.pdf. Acesso em 08.02.2019.

ASSOCIAÇÃO DOS MAGISTRADOS BRASILEIROS. "Pesquisa AMB 2015". Disponível em: http://www.amb.com.br/wp-content/uploads/2015/12/Revista_Resultado_Pesquisa_AMB_2015_para_site.pdf. Acesso em 08.02.2019.

BARBOSA MOREIRA, José Carlos. *Temas de direito processual*: nona série. São Paulo: Saraiva, 2007.

BARATTA, Alessandro. *Criminologia Crítica e Crítica do Direito Penal*. Rio de Janeiro: Ed. Revan, 2002.

BAYLEY, David. H.; SKOLNICK, Jerome. H. *Policiamento comunitário*. São Paulo: Fundação Ford, 2000.

BEATO, Cláudio *et. al.* "Policiamento Comunitário: a visão dos policiais". Belo Horizonte: UFMG, 2009. Disponível em: http://www.crisp.ufmg.br/wp-content/uploads/2016/10/T050_Relat%C3%B3rio_Policiamento Comunit%C3%A1rio_2009.pdf. Acesso em 11.02.2019.

BEATO, Cláudio. "Reinventando a polícia: a implementação de um programa de policiamento comunitário". Belo Horizonte: CRISP/UFMG (mimeo), 2001.

BECKER, Gary. "Crime and Punishment: An Economic Approach". *Journal of Political Economy*, vol. 76, 1968.

BERNARDO, Kaluan. "A forma como a taxa de homicídios é calculada impacta nas estatísticas". *Nexo Jornal*, 26 fev. 2016. Disponível em https://www.nexojornal.com.br/expresso/2016/02/26/A-forma-como-a-taxa-de-homic%C3%ADdios-%C3%A9-calculada-impacta-nas-estat%C3%ADsticas. Acesso em 11.02.2019. Acesso em 11.2.2019.

BIONTI, Karina. "Relações Políticas e Termos Criminosos: O PCC e uma Teoria do Irmão-Rede". *Teoria & Sociedade* (UFMG), vol. 15.2, p. 4.

BRAGA, Gustavo H. "Julgamento de Políticos por Júri Popular". *Estadão*, São Paulo, 18 jul. 2017. Disponível em: https://politica.estadao.com.br/blogs/fausto-macedo/julgamento-de-politicos-por-juri-popular/. Acesso em 11.02.2019.

BRAGA, Gustavo H. "Julgamento de Políticos por Júri Popular". *Jota*, 22 jul. 2017. Disponível em: https://www.jota.info/opiniao-e-analise/artigos/julgamento-de-politicos-por-juri-popular-22062017. Acesso em 11.02.2019.

BRASIL. Conselho Nacional do Ministério Público. Resolução n. 56, de 22 de jun. 2010. Dispõe sobre a uniformização das inspeções em

REFERÊNCIAS BIBLIOGRÁFICAS

estabelecimentos penais pelos membros do Ministério Público. Disponível em: http://www.cnmp.mp.br/portal/images/Resolucoes/Resolu%C3%A7%C3% A3o-0561.pdf Acesso em 11.02.2019.

BRASIL. "Constituição (1937)". *Constituição dos Estados Unidos do Brasil. Rio de Janeiro, 1937.* Disponível em: http://www.planalto.gov.br/ccivil_03/constituicao/constituicao37.htm Acesso em 08.02.2019.

BRASIL. "Constituição (1946)". *Constituição dos Estados Unidos do Brasil. Rio de Janeiro, 1946.* Disponível em: http://www2.camara.leg.br/legin/fed/consti/1940-1949/constituicao-1946-18-julho-1946-365199-publicacaooriginal-1-pl.html Acesso em 08.02.2019.

BRASIL. "Constituição (1967)". *Constituição da República Federativa do Brasil. Brasília, 1967.* Disponível em: http://www2.camara.leg.br/legin/fed/consti/1960-1969/constituicao-1967-24-janeiro-1967-365194-publicacaooriginal-1-pl.html Acesso em 08.02.2019.

BRASIL. "Constituição (1988)". *Constituição da República Federativa do Brasil. Brasília, 1988.* Disponível em: http://www.planalto.gov.br/ccivil_03/Constituicao/Constituicao.htm Acesso em 08.02.2019.

BRASIL. DATASUS. Disponível em: http://datasus.saude.gov.br/. Acesso em 08.02.2019.

BRASIL. Decreto n. 3897, de 24 de ago. 2001. "Fixa as diretrizes para o emprego das Forças Armadas na garantia da lei e da ordem, e dá outras providências". Disponível em: http://www.planalto.gov.br/ccivil_03/decreto/2001/d3897.htm. Acesso em 08.02.2019.

BRASIL. Decreto n. 44.698, de 2 de abr. de 2014. "Institui o Centro Integrado de Comando e Controle, no âmbito da Secretaria de Estado de Segurança". Disponível em: http://www.silep.planejamento.rj.gov.br/decreto_44_698_-_02042014_-_in.htm, Acesso em 11.02.2019.

BRASIL. Decreto n. 5.289, de 29 de nov. 2004. "Disciplina a organização e o funcionamento da administração pública federal, para desenvolvimento do programa de cooperação federativa denominado Força Nacional de Segurança Pública, e dá outras previdências". Disponível em: http://www.planalto.gov.br/ccivil_03/_ato2004-2006/2004/decreto/d5289.htm. Acesso em 11.02.2019.

BRASIL. Decreto n. 53.506, de 6 de abr. de 2017. "Institui o Sistema de Segurança Integrada com Municípios do Estado do Rio Grande Do Sul – SIM/RS". Disponível em: https://ssp.rs.gov.br/upload/arquivos/201708/25162517-decreto-53-506-sim-rs-06-04-17.pdf. Acesso em 11.02.2019.

BRASIL. Decreto n. 60.640, de 11 de jul. 2014. "Institui, na Secretaria da Segurança Pública, o Centro Integrado de Comando e Controle – CICC". Disponível em: *https://www.al.sp.gov.br/repositorio/legislacao/decreto/2014/decreto-60640-11.07.2014.html*. Acesso em 11.02.2019.

BRASIL. Decreto n. 9.288, de 16 de fev. 2018. "Decreta intervenção federal no Estado do Rio de Janeiro com o objetivo de pôr termo ao grave comprometimento da ordem pública". Disponível em: http://www.planalto.gov.br/ccivil_03/_ato2015-2018/2018/decreto/D9288.htm. Acesso em 11.02.2019.

BRASIL. Decreto n. 30.569, de 25 de jun. 2007. "Cria o Comitê Estadual de Governança do Pacto Pela Vida, e dá outras providências". Disponível em: http://legis.alepe.pe.gov.br/texto.aspx?id=37569&tipo. Acesso em 11.02.2019.

BRASIL. Decreto n. 9.382, de 25 de mai. de 2018. Disponível em: http://pesquisa.in.gov.br/imprensa/jsp/visualiza/index.jsp?jornal=600&pagina=1&data=25/05/2018&totalArquivos=2. Acesso em 11.02.2019.

BRASIL. Decreto n. 9.450, de 24 de jul. 18. "Institui a Política Nacional de Trabalho no âmbito do Sistema Prisional". Disponível em: http://www.planalto.gov.br/ccivil_03/_ato2015-2018/2018/decreto/D9450.htm. Acesso em 11.02.2019.

BRASIL. Exposição de Motivos n. 25, de 26 de fev. 2018. MJ/MP/MD/CC-PR. Disponível em: http://www.planalto.gov.br/ccivil_03/_ato2015-2018/2018/Exm/Exm-MP-821-18.pdf. Acesso em 11.02.2019.

BRASIL. Lei n. 3.329, de 28 de dez. 1999. "Cria o Instituto de Segurança Pública – ISP do Estado do Rio de Janeiro". Disponível em: http://alerjln1.alerj.rj.gov.br/contlei.nsf/f25edae7e64db53b032564fe005262ef/ 2dedd8139d7525f30325685700520cdf?OpenDocument. Acesso em 11.02.2019.

BRASIL. Lei n. 11.343 de 23 ago. 2006. "Institui o Sistema Nacional de Políticas Públicas sobre Drogas – Sisnad". Disponível em: http://www.planalto.gov.br/ccivil_03/_ato2004-2006/2006/lei/l11343.htm. Acesso em 11.02.2019.

REFERÊNCIAS BIBLIOGRÁFICAS

BRASIL. Lei n. 11.530, de 24 out. 2007. "Institui o Programa Nacional de Segurança Pública com Cidadania – PRONASCI e dá outras providências". Disponível em: http://www.planalto.gov.br/ccivil_03/_ato2007-2010/2007/Lei/L11530.htm. Acesso em 11.02.2019.

BRASIL. Lei n. 11.671, de 8 de maio de 2008. "Dispõe sobre a transferência e inclusão de presos em estabelecimentos penais federais de segurança máxima e dá outras providências". Disponível em: http://www.planalto.gov.br/ccivil_03/_Ato2007-2010/2008/Lei/L11671.htm. Acesso em 11.02.2019.

BRASIL. Lei n. 11.679, de 8 de mai. de 2008. "Dispõe sobre a transferência e inclusão de presos em estabelecimentos penais federais de segurança máxima e dá outras providências". Disponível em: http://www.planalto.gov.br/ccivil_03/_Ato2007-2010/2008/Lei/L11671.htm. Acesso em 12.02.2019.

BRASIL. Lei n. 12.681, de 4 de jul. 2012. "Institui o Sistema Nacional de Informações de Segurança Pública, Prisionais e sobre Drogas – SINESP". Disponível em: http://www.planalto.gov.br/ccivil_03/_ato2011-2014/2012/lei/l12681.htm. Acesso em 11.2.2019.

BRASIL. Lei n. 12.720, de 27 de set. 2012. "Dispõe sobre o crime de extermínio de seres humanos; altera o Decreto-Lei no 2.848, de 7 de dez. de 1940 – Código Penal; e dá outras providências". Disponível em: http://www.planalto.gov.br/ccivil_03/_Ato2011-2014/2012/Lei/L12720.htm. Acesso em 11.02.2019.

BRASIL. Lei n. 13.165, de 29 de set. 2015. "Altera as Leis nos 9.504, de 30 de set. de 1997, 9.096, de 19 de set. de 1995, e 4.737, de 15 de jul. de 1965 – Código Eleitoral, para reduzir os custos das campanhas eleitorais, simplificar a administração dos Partidos Políticos e incentivar a participação feminina". Disponível em: http://www.planalto.gov.br/ccivil_03/_ato2015-2018/2015/lei/l13165.htm. Acesso em 12.02.2019.

BRASIL. Lei n. 13.675, de 11 de jun. 2018. "Disciplina a organização e o funcionamento dos órgãos responsáveis pela segurança pública". Disponível em: http://www.planalto.gov.br/ccivil_03/_Ato2015-2018/2018/Lei/L13675.htm. Acesso em 11.02.2019.

BRASIL. Lei Complementar n. 97, de 9 de jun. 1999. "Dispõe sobre as normas gerais para a organização, o preparo e o emprego das Forças Armadas". Disponível em: http://www.planalto.gov.br/ccivil_03/LEIS/LCP/Lcp97.htm Acesso em 11.02.2019.

BRASIL. Medida Provisória n. 821, de 26 de fev. 2018, convertida na Lei n. 13.502, de 1º de nov. 2017.

BRASIL. Relatório da Comissão Parlamentar de Inquérito n. 433, de 14 de nov. 2008. "Relatório final da Comissão Parlamentar de Inquérito destinada a investigar a ação de milícias no âmbito do estado do Rio de Janeiro". Disponível em: http://www.nepp-dh.ufrj.br/relatorio_milicia.pdf. Acesso em 12.02.2019.

BRASIL. Superior Tribunal de Justiça. "Recurso Especial 1.675.709/SP. Relatora Ministra Maria Thereza de Assis Moura". DJe 13 de out. 2017. Disponível em: https://ww2.stj.jus.br/processo/revista/documento/mediado/?componente=ITA&sequencial=1630107&num_registro=201700482226&data=20171013&formato=PDF. Acesso em 12.02.2019.

BRASIL. Supremo Tribunal Federal. "Ação Direta de Inconstitucionalidade n. 4220. Relator Ministro Luiz Fux". DJe 18 de out. de 2018. Disponível em: https://portal.stf.jus.br/processos/detalhe.asp?incidente=2668067. Acesso em 12.02.2019.

BRASIL. Supremo Tribunal Federal. "Ação Direta de Inconstitucionalidade n. 4271. Relator Ministro Luiz Fux". DJe 6 de ago. de 2019. Disponível em: https://portal.stf.jus.br/processos/detalhe.asp?incidente=2690639. Acesso em 12.02.2019.

BRASIL. Supremo Tribunal Federal. "Ação Direta de Inconstitucionalidade n. 4650. Relator Ministro Luiz Fux". DJe 24, de fev. de 2016. Disponível em: https://portal.stf.jus.br/processos/detalhe.asp?incidente=4136819. Acesso em 12.02.2019.

BRASIL. Supremo Tribunal Federal. Ministra Cármen Lúcia visita Acre e discute sistema penitenciário local. Disponível em: http://www.stf.jus.br/portal/cms/verNoticiaDetalhe.asp?idConteudo=384465. Acesso em 12.02.2019.

REFERÊNCIAS BIBLIOGRÁFICAS

BRASIL. Supremo Tribunal Federal. "Recurso Extraordinário 593.727. Relator Ministro Gilmar Mendes". DJ 9 de out. de 2008. Disponível em: http://portal.stf.jus.br/processos/detalhe.asp?incidente=2641697. Acesso em 08.02.2019.

BRASIL. Supremo Tribunal Federal. "Regimento Interno". Disponível em: http://www.stf.jus.br/portal/cms/verTexto.asp?servico=legislacao RegimentoInterno. Acesso em 12.02.2019.

CARTA CAPITAL. "O que nos ensina o caos na segurança do Espírito Santo?". 8 fev. 2017. Disponível em: https://www.cartacapital.com.br/politica/o-que-nos-ensina-o-caos-na-seguranca-do-espirito-santo. Acesso em 12.02.2019.

CERQUEIRA, Daniel; LOBAO, Waldir. "Determinantes da criminalidade: arcabouços teóricos e resultados empíricos", vol. 47, n. 2, 2004.

COMITÊ CEARENSE PELA PREVENÇÃO DE HOMICÍDIOS NA ADOLESCÊNCIA. "Cada Vida Importa: evidências e recomendações para prevenção de homicídios na adolescência". Assembleia Legislativa do Ceará, 2016. Disponível em: https://www.al.ce.gov.br/index.php/component/phocadownload/category/1-pdf?download=498:cada-vida-importa. Acesso em 12.02.2019.

CONJUR. "CNMP vai apurar se Dallagnol cometeu infração ao comentar decisão de ministros". *Consultor Jurídico*, 17 ago. 2018. Disponível em: https://www.conjur.com.br/2018-ago-17/cnmp-apurar-dallagnol-cometeu-infracao-comentar-ministros. Acesso em 11.02.2019 (acesso em 11.2.2019).

CONSELHO NACIONAL DE JUSTIÇA. "Quais são os números da justiça criminal no Brasil?" Disponível em: http://www.cnj.jus.br/files/conteudo/arquivo/2016/02/b948337bc7690673a39cb5cdb10994f8.pdf. Acesso em 08.02.2019.

CONSELHO NACIONAL DO MINISTÉRIO PÚBLICO. "Proposta recomenda a criação de promotorias de justiça especializadas em segurança pública nos MPEs". Disponível em: http://www.cnmp.mp.br/portal/todas-as-noticias/11251-proposta-recomenda-criacao-de-promotorias-de-justica-especializadas-em-seguranca-publica-nos-mpes. Acesso em 11.02.2019.

CORTE INTERAMERICANA DE DIREITOS HUMANOS. "Caso Favela Nova Brasília vs. Brasil". Disponível em: http://www.corteidh.or.cr/docs/casos/articulos/seriec_333_por.pdf. Acesso em 08.02.2019.

CORTE INTERAMERICANA DE DIREITOS HUMANOS. Resolução de 21 de setembro de 2005. Disponível em: http://www.corteidh.or.cr/docs/medidas/urso_se_05_portugues.pdf. Acesso em 13.09.2017.

COSTA, Liana. "Não é só no Rio. Milícias estão em 15 estados de norte a sul do Brasil". *Metrópoles*, 1 mai. 2018. Disponível em: https://www.metropoles.com/materias-especiais/nao-e-so-no-rio-milicias-estao-em-15-estados-de-norte-a-sul-do-brasil. Acesso em 12.02.2019.

COSTA, Flávio. "Judiciário deve resolver a parte que lhe cabe na crise prisional, diz Cármen Lúcia". UOL, Goiânia, 08 jan. 2018. Disponível em: https://noticias.uol.com.br/cotidiano/ultimas-noticias/2018/01/08/judiciario-deve-resolver-a-parte-que-lhe-cabe-na-crise-prisional-diz-carmen-lucia.htm. Acesso em 11.02.2019.

DAVIES, David. "Rapporteur, Committee on Equality and Non-Discrimination, Parliamentary Assembly, Council of Europe". 10 jan. 2014. Disponível em http://www.un.gov.si/fileadmin/un.gov.si/pageuploads/Racism_in_police_-_Report.pdf. Acesso em 12.02.2019.

DINIZ, Mariana. "Autoridades confirmam 26 mortes durante motim em presídio do Rio Grande do Norte". *Agencia Brasil*. Disponível em: http://agenciabrasil.ebc.com.br/geral/noticia/2017-01/autoridades-confirmam-26-mortes-durante-motim-em-presidio-do-rio-grande-do. Acesso em 11.02.2019.

EUGÊNIO JR, Amauri. "Como a ausência de negros na Justiça tem impacto direto no racismo". *In: Vice*, 7 dez. 2018. Disponível em: https://www.vice.com/pt_br/article/qvq3g5/como-a-ausencia-de-negros-na-justica-tem-impacto-direto-no-racismo. Acesso em 12.02.2019.

ESTADÃO. "Explosão que especialistas apontam não ter ocorrido". Disponível em: https://brasil.estadao.com.br/noticias/rio-de-janeiro,nao-houve-nenhuma-explosao-de-violencia-no-rio-durante-carnaval-diz-diretora-do-isp,70002192494. Acesso em 11.02.2019.

ESTADÃO. "O 'código de ética' da facção que arranca coração". Disponível

REFERÊNCIAS BIBLIOGRÁFICAS

em: https://politica.estadao.com.br/blogs/fausto-macedo/ o-codigo-de-etica-da-faccao-que-arranca-coracao. Acesso em 11.02.2019.

FÁBIO, André Cabette. "O que são e como atuam as milícias do Rio de Janeiro". *Nexo Jornal*, 10 abr. 10.4.2018. Disponível em: https://www.nexojornal.com.br/expresso/2018/04/10/ O-que-s%C3%A3o-e-como-atuam-as-mil%C3%ADcias-do-Rio-de-Janeiro. Acesso em 12.02.2019..

FAJARDO, Álvaro A. Rogério. Duboc; BARRETO, Leonardo Nunes; FIGUEIREDO, Sabrina. Oliveira. "Programa Estado Presente em Defesa da Vida". Disponível em: http://www.sgc.goias.gov.br/upload/arquivos/2015-05/programa-estado-presente.pdf. Acesso em 11.02.2019.

FARIA, Ana Paula. "APAC: Um Modelo de Humanização do Sistema Penitenciário". *In: Âmbito Jurídico*. Disponível em: http://www.ambito-juridico.com.br/site/index.php?n_link=revista_artigos_leitura&artigo_id=9296. Acesso em 11.02.2019.

FIOCRUZ. Disponível em: https://portal.fiocruz.br/historia. Acesso em 12.02.2019.

FOLHA DE SÃO PAULO. "Polícia brasileira mata em 6 dias o mesmo que a política britânica mata em 25 anos". Disponível em: https://www1.folha.uol.com.br/paywall/login.shtml?https://www1.folha.uol.com.br/cotidiano/2016/10/1827203-policia-brasileira-mata-em-6-dias-o-mesmo-que-a-britanica-em-25-anos.shtml. Acesso em 12.02.2019.

FOLHA DE SÃO PAULO. "Veja 18 ocasiões em que as forças armadas patrulharam o asfalto no país". Disponível em: https://www1.folha.uol.com.br/cotidiano/2018/02/veja-18-ocasioes-em-que-as-forcas-armadas-patrulharam-o-asfalto-no-pais.shtml. Acesso em 11.02.2019.

FOLHA DE SÃO PAULO. "1 em cada 3 moradores do Rio afirma já ter ficado no meio de confrontos a tiros". Disponível em: https://www1.folha.uol.com.br/cotidiano/2018/04/1-em-cada-3-moradores-do-rio-afirma-ja-ter-ficado-no-meio-de-confrontos-a-tiros.shtml. Acesso em 12.02.2019.

FÓRUM BRASILEIRO DE SEGURANÇA PÚBLICA E INSTITUTO DE PESQUISA APLICADA. "Atlas da Violência 2018". Disponível em: http://www.forumseguranca.org.br/wp-content/uploads/2018/06/FBSP_Atlas_da_Violencia_2018_Relatorio.pdf. Acesso em 16.06.2018.

FÓRUM BRASILEIRO DE SEGURANÇA PÚBLICA. "Anuário Brasileiro de Segurança Pública: 2014 a 2019". Disponível em: http://www.forumseguranca.org.br/wp-content/uploads/2018/09/FBSP_ABSP_edicao_especial_estados_faccoes_2018.pdf. Acesso em 11.02.2019.

FÓRUM BRASILEIRO DE SEGURANÇA PÚBLICA. Nota Técnica. "Pacto federativo e financiamento da segurança pública no Brasil". Disponível em: http://www.forumseguranca.org.br/storage/publicacoes/lote_02_2016_12_12/FBSP_Pacto_federativo_financiamento_seguranca_publica_brasil_2014.pdf. Acesso em 11.02.2019.

GANDRA, Alana. "Juiz visita presídio no estado do Rio para analisar situação carcerária". *Agência Brasil*, Rio de Janeiro, 17 jan. 2017. Disponível em: http://agenciabrasil.ebc.com.br/geral/noticia/2017-01/juiz-visita-presidio-para-analisar-situacao-carceraria-local. Acesso em 11.02.2019.

GLENNY, Misha. *O dono do morro:* um homem e a batalha pelo Rio. São Paulo: Companhia das Letras, 2016.

GLOBO. "Ministra lamenta violência contra bandido". Disponível em: http://g1.globo.com/sp/santos-regiao/blog-do-allende/platb/2013/10/16/ministra-lamenta-violencia-contra-bandido/. Acesso em 11.02.2019.

GOLDSTEIN, Herman. *Policiando uma sociedade livre.* São Paulo: Fundação Ford, 2003.

GOVERNO DO AMAZONAS. "Começa em 6 de fevereiro mutirão de defensores em presídios do Amazonas". Disponível em: http://www.dpu.def.br/noticias-institucional/233-slideshow/35353-comeca-em-6-de-fevereiro-mutirao-de-defensores-publicos-em-presidios-do-amazonas. Acesso em 11.02.2019.

GOVERNO DO BRASIL. "Ministério da Justiça propõe pacto pela redução de homicídios". Disponível em: http://www.brasil.gov.br/noticias/seguranca-e-justica/2015/10/ministerio-da-justica-propoe-pacto-pela-reducao-de-homicidios. Acesso em 11.02.2019.

GOVERNO DO PARANÁ. "Secretaria da Segurança Pública e Administração Penitenciária do Paraná". Disponível em: http://www.seguranca.pr.gov.br/modules/conteudo/conteudo.php?conteudo=104. Acesso em 12.02.2019.

G1. "Conselho exige apresentação de plano de segurança pelo governo do Ceará". Disponível em: https://g1.globo.com/ce/ceara/noticia/conselho-

REFERÊNCIAS BIBLIOGRÁFICAS

exige-apresentacao-de-plano-de-seguranca-pelo-governo-do-ceara.ghtml. Acesso em 12.02.2019.

HENRIQUES, Camila; GONÇALVES, Suelen; SEVERIANO, Adneison. "Chega a 33 o número de mortos em penitenciária de Roraima". *G1*. Disponível em: http://g1.globo.com/jornal-nacional/noticia/2017/01/chega-33-o-numero-de-mortos-em-penitenciaria-de-roraima.html. Acesso em 12.02.2019.

ÍNDICE DE VULNERABILIDADE JUVENIL, 2017. Disponível em: http://unesdoc.unesco.org/images/0026/002606/260661por.pdf. Acesso em 08.02.2019.

INSTITUTO IGARAPÉ. "10 anos da lei de drogas: quantos são os presos por tráfico no Brasil?". Disponível em: https://igarape.org.br/10-anos-da-lei-de-drogas-quantos-sao-os-presos-por-trafico-no-brasil/. Acesso em 08.02.2019.

INSTITUTO IGARAPÉ. "O pacto pela vida e a redução de homicídios em Pernambuco". Disponível em: https://igarape.org.br/wp-content/uploads/2014/07/artigo-8-p2.pdf. Acesso em 11.02.2019..

INSTITUTO SOU DA PAZ. "Preservação de milhares de vidas não pode ficar à mercê da instabilidade política do país". Disponível em: http://www.soudapaz.org/o-que-fazemos/noticia/preservacao-de-milhares-de-vidas-nao-pode-ficar-a-merce-da-instabilidade-politica-do-pais-afirmam-organizacoes/36. Acesso em 11.02.2019.

JORNAL DA CIDADE. "Inversão de valores: Toffoli manda investigar Dallagnol." Disponível em https://www.jornaldacidadeonline.com.br/noticias/11061/inversao-de-valores-toffoli-manda-investigar-dallagnol. Acesso em 12.02.2019.

LEMOS, Amanda; CASTRO, Daniel; PORTINARI, Natália. "Morar em favela do Rio é agravante em condenação por tráfico de drogas". *Folha de São Paulo*, Rio de Janeiro, abr. 2018. Disponível em: https://www1.folha.uol.com.br/cotidiano/2018/04/morar-em-favela-do-rio-e-agravante-em-condenacao-por-trafico-de-drogas.shtml. Acesso em 12.02.2019.

LINDNER, Julia; MONTEIRO, Tânia. "Decreto cria cotas para presos e ex-presidiários em empresas contratadas pela União". Estadão, São Paulo, 24 jul. 2018. Disponível em: https://brasil.estadao.com.br/noticias/geral,decreto-cria-cotas-para-presos-e-ex-presidiarios-em-empresas-contratadas-pela-uniao,70002414101. Acesso em 11.02.2019

LIMA, William da Silva. *400x1:* uma História do Comando Vermelho, 2ª ed. Rio de Janeiro: ANF Produções, 2001.

MAQUIAVEL, Nicolau. *Discursos sobre a Primeira Década de Tito Lívio.* São Paulo: Martins Fontes, 2007.

MENA, Fernanda. "Polícia mata mais homens, negros e jovens no estado de São Paulo. *Folha de São Paulo*, São Paulo, mai. 2018. Disponível em: https://www1.folha.uol.com.br/cotidiano/2018/05/policia-mata-mais-homens-negros-e-jovens-no-estado-de-sao-paulo.shtml. Acesso em 12.02.2019.

MENA, Fernanda. "E agora, Brasil?". *Folha de São Paulo*, São Paulo, 20 abr. 2018. Disponível em: https://temas.folha.uol.com.br/e-agora-brasil-seguranca-publica/criminalidade/com-taxas-explosivas-pais-naufraga-em-ineficiencia-e-descoordenacao.shtml. Acesso em 11.02.2019.

MENDONÇA, Renata. "Está na hora de mudar a estrutura da polícia brasileira?". *BBC Brasil*, São Paulo, 11 fev. 2017. Disponível em: https://www.bbc.com/portuguese/brasil-38895293. Acesso em 11.02.2019

MINISTÉRIO DA DEFESA. "Garantia da Lei e da Ordem". Disponível em: https://www.defesa.gov.br/exercicios-e-operacoes/garantia-da-lei-e-da-ordem. Acesso em 11.02.2019.

MINISTÉRIO DA JUSTIÇA. "Censo das Unidades Prisionais, 2016". Disponível em: http://dados.mj.gov.br/dataset/infopen-levantamento-nacional-de-informacoes-penitenciarias/resource/5652dceb-d81a-402f-a5c8-e4d9175241f5. Acesso em 11.02.2019.

MINISTÉRIO DA JUSTIÇA. "Centro Integrado de Comando e Controle coordena segurança durante a Copa". Disponível em: http://www.brasil.gov.br/noticias/seguranca-e-justica/2014/05/centro-integrado-de-comando-e-controle-coordena-seguranca-durante-a-copa. Acesso em 12.02.2019.

MINISTÉRIO DA JUSTIÇA. "Como funciona um presídio federal". Disponível em: http://www.justica.gov.br/news/entenda-como-funciona-um-presidio-federal. Acesso em 11.02.2019.

REFERÊNCIAS BIBLIOGRÁFICAS

MINISTÉRIO DA JUSTIÇA. "Há 726.712 pessoas presas no Brasil". Disponível em: http://www.justica.gov.br/news/ha-726-712-pessoas-presas-no-brasil. Acesso em 08.02.2019.

MINISTÉRIO DA JUSTIÇA. "Integração e cooperação são legados dos grandes eventos no Brasil". Disponível em http://www.justica.gov.br/news/integracao-e-cooperacao-sao-legados-dos-grandes-eventos-no-brasil/28421930060_4875330898_z.jpg/view. Acesso em 11.02.2019.

MINISTÉRIO PÚBLICO DA BAHIA. "Paternidade Responsável: Mais de 500 pessoas são atendidas pelo MP na região de Itaberaba". Disponível em: https://www.mpba.mp.br/noticia/43110 . Acesso em 11.02.2019.

MINISTÉRIO PÚBLICO DA BAHIA. "Pessoas trans podem alterar registro civil em mutirão realizado pelo MP". Disponível em: https://www.mpba.mp.br/noticia/43479. Acesso em 11.02.2019.

MONTESQUIEU. *O Espírito das Leis*. São Paulo: Martins Fontes, 1993.

MUNIZ, Jacqueline et. al. "Os estudos policiais nas ciências sociais: um balanço sobre a produção brasileira a partir dos anos 2000". *BIB*, n. 84, 2017.

MUNIZ, Jacqueline de Oliveira. "Ser policial é, sobretudo, uma razão de ser. Cultura e cotidiano da Polícia Militar do Estado do Rio de Janeiro". (Tese de Doutorado), Instituto Universitário de Pesquisas do Rio de Janeiro, 1999. Disponível em: https://www.ucamcesec.com.br/wp-content//uploads/ 2011/05/Ser_policial_sobretudo_razao_ser.pdf. Acesso em 11.02.2019.

NABUCO, Joaquim. *O Abolicionismo*. São Paulo: Publifolha, 2000.

NEME, C. "Projeto: o policiamento que a sociedade deseja: análise das discussões em grupo com Oficiais da Polícia Militar do Estado de São Paulo". São Paulo: Núcleo de Estudos da Violência, Universidade de São Paulo, 2003.

NEXO JORNAL. "Apresentação compreensiva do problema está disponível em Lei de Drogas: a distinção entre usuário e traficante, o impacto nas prisões e o debate no país". Disponível em: https://www.nexojornal.com.br/explicado/2017/01/14/Lei-de-Drogas-a-distin%C3%A7%C3%A3o-entre-usu%C3%A1rio-e-traficante-o-impacto-nas-pris%C3%B5es-e-o-debate-no-pa%C3%ADs. Acesso em 11.02.2019.

NEXO JORNAL. "O projeto do SUS da Segurança Pública e suas limitações". Disponível em: https://www.nexojornal.com.br/expresso/2018/05/27/O-projeto-do-'SUS-da-Segurança-Pública'-e-suas-limitações. Acesso em 11.02.2019.

ONU. "Relatório condena violência contra jornalistas no Brasil". Disponível em: https://nacoesunidas.org/escritorio-de-direitos-humanos-da-onu-condena-violencia-contra-jornalistas-no-brasil/. Acesso em 11.02.2019.

ONU. "Relatório sobre violações a direitos humanos". Disponível em: http://acnudh.org/pt-br/brasil-onu-direitos-humanos-cobra-medidas-contra-violencia-em-presidios-apos-rebeliao-em-manaus/. Acesso em 11.02.2019.

ORGANIZAÇÃO PONTE. "Por que o 'Pacto pela Vida' em Pernambuco fracassou". Disponível em: https://ponte.org/por-que-o-pacto-pela-vida-em-pernambuco-fracassou/. Acesso em 11.02.2019.

ORGANIZAÇÃO PONTE E ARTIGO 19. "Informação Encarcerada: A Blindagem de Dados na Segurança Pública de São Paulo". Disponível em: https://ponte.org/wp-content/uploads/2015/12/Estudo-Informa%C3%A7%C3%A3o-Encarcerada-A-Blindagem-de-Dados-na-Seguran%C3%A7a-P%C3%BAblica-de-S%C3%A3o-Paulo.pdf. Acesso em 11.02.2019.

PASTORAL CARCERÁRIA. "Não há nada de novo nos massacres". Disponível em http://www.pom.org.br/nao-ha-nada-de-novo-nos-massacres-diz-assessor-da-pastoral-carceraria/. Acesso em 11.02.2019.

PLANO PLURIANUAL PARANÁ 2012-2015. Disponível em: http://www.planejamento.pr.gov.br/arquivos/File/Anexo_Lei_17013_versao_final_corrigida.pdf. Acesso em 11.02.2019.

PAZ CIUDADANA. Disponível em: http://www.pazciudadana.cl/wp-content/uploads/2016/10/PROPUESTAS-PARA-UNA-ESTRATEGIA-DE-SEGURIDAD-P%C3%9ABLICA-DE-LARGO-PLAZO-PARA-CHILE-2016.pdf. Acesso em 11.02.2019.

REDE DE JUSTIÇA CRIMINAL. "Pesquisas sobre Prisão Provisória, Fascículo 1: Perfil do Preso e Contexto da Prisão". Disponível em: http://www.soudapaz.org/upload/pdf/justi_a_rede_fasciculo1_perfil_preso_11_11_13.pdf. Acesso em 11.02.2019.

REFERÊNCIAS BIBLIOGRÁFICAS

SABEL, Charles F; SIMON. William H. Simon. "Due Process of Administration: The Problem of Police Accountability". *Stanford Public Law Working Paper*, n. 2507280, 2014.

SABEL, Charles. "Beyond principal-agent governance: experimentalist organizations, learning and accountability". Cambridge University Press, 2004.

SECRETARIA DE PLANEJAMENTO E GESTÃO DO ESTADO DE PERNAMBUCO. "Pacto pela Vida". Disponível em: http://www.seplag.pe.gov.br/web/ppv/pacto-pela-vida. Acesso em 12.02.2019.

SILVA, Felipe F. G. da. "'Não compre, plante'? A tipificação penal das situações de cultivo de Canábis pelo Tribunal de Justiça de São Paulo". (Dissertação de Mestrado) FGV/SP. Disponível em http://bibliotecadigital.fgv.br/dspace/handle/10438/16519. Acesso em 12.02.2019.

SILVA, Ronaldo T. da. "Programa Nacional de Segurança Pública e Cidadania (Pronasci)". *In:* OLIVEIRA, F. B. de; ZOUAIN, D. M. et all. *Desafios da Gestão Pública de Segurança.* Rio de Janeiro: Ed. FGV, 2009.

SIMÕES, Mariana. "No Rio de Janeiro a milícia não é um poder paralelo. É o próprio Estado". *Exame Online*, 31 de janeiro de 2019. Disponível em: https://exame.abril.com.br/brasil/no-rio-de-janeiro-a-milicia-nao-e-um-poder-paralelo-e-o-estado/. Acesso em 12.02.2019.

SOUZA, Jessé. *A Elite do Atraso*: da Escravidão à Lava Jato. São Paulo: Leya, 2017.

SUPERINTENDÊNCIA DO SISTEMA PENITENCIÁRIO DO PARÁ. "Novos juízes de comarcas do interior visitam presídio feminino". Disponível em: http://www.susipe.pa.gov.br/noticias/novos-ju%C3%ADzes-de-comarcas-do-interior-visitam-pres%C3%ADdio-feminino. Acesso em 11.02.2019.

UNGER, R. M. & CUI, Zhiyuan. *Politics:* The central texts: theory against fate. New York: Verso, 1997.

UOL. "Presos filmam decapitados em penitenciária no Maranhão". São Paulo, *Bol notícias*, 07 jan. 2014. Disponível em: https://www.bol.uol.com.br/noticias/2014/01/07/presos-filmam-decapitados-em-penitenciaria-no-maranhao-imagens-sao-fortes.htm. Acesso em 11.02.2019.

VIANNA, Luiz Fernando. "Milícias do Rio são os inimigos em 'Elite da Tropa 2'". *Folha de São Paulo*, Ilustrada, 2 de outubro de 2010.

WIEMAN, Carl. "Prêmio Nobel de Física em 2001". Disponível em: https://profiles.stanford.edu/carl-wieman. Acesso em 12.02.2019.

ZALUAR, Alba. "Violência e mal-estar na sociedade. Um debate disperso: violência e crime no Brasil da redemocratização". *São Paulo Perspec.* vol. 13 n. 3, São Paulo, Jul/Set. 1999.

ZALUAR, Alba. "Um debate disperso: violência e crime no Brasil da redemocratização". *São Paulo em Perspectiva*, vol. 13, n. 3, p. 3-17, 1999.

NOTAS

NOTAS

NOTAS

NOTAS

NOTAS

NOTAS

NOTAS

A Editora Contracorrente se preocupa com todos os detalhes de suas obras! Aos curiosos, informamos que este livro foi impresso no mês de maio de 2020, em papel Pólen Soft 80g, pela Gráfica Copiart.